本書の特徴と構成

本書の特徴

本書は従来の一般常識問題集とは異なり、重要･基礎知識を厳選して図解し直接解答を書くことで徹底して覚え込んでいく「ドリル形式」となっています。

●全体構成

本書の一般常識の基礎を以下の３分野に分けて掲載しています。

1．社会科学（政治・経済・国際／社会・環境・科学）

2．自然科学（数学／理科）

3．人文科学（国語／英語／地理・歴史／文化・スポーツ）

●書き込んで繰り返し学習する

各項目の最初の見開きページでは、冒頭に「ここだけ押さえる！」として項目ごとの重要事項を取り上げ、図を豊富に用いてわかりやすく説明してあります。その他「覚えておきたいこと」や「よく出る事柄」「重要事項の解説」を簡潔にまとめてあります。

特に大事な用語は青色の文字になっているので、覚えるポイントがはっきりわかります。解説文は、読むときに指でなぞったり、声に出して読むと、強く記憶に刻み込むことができます。

次の見開きページでは、最初の見開きページで取り上げた事柄が、穴埋め問題として出題されています。項目によっては順序や形式を変えてあります。ここでは直接書き込んで解答してください。覚えた事柄を繰り返し解いていくことで、情報はさらに深く脳に記憶されていきます。

●脳の記憶システム

上記のステップが、他の「問題集」とは違う本書の大きな特徴です。

人間の脳のシステムを考えると、ただ漠然と問題を読んだり解いたりするよりも、よく記憶することができる方法があります。「声に出して耳からも覚え込む」「指でなぞり指先に刺激を与える」「紙に書くことで記憶が定着する」といったことです。本書はその記憶システムに沿ってつくられています。

本書で一般常識の重要な項目を繰り返し、丸ごと記憶してしまいましょう。効率よく知識を脳に刻み込んで、就職試験に臨んでください。

INDEX ●目次

本書の使い方

■ 直接書き込んで脳に記憶させるドリル形式！
■ 図解でマスター！　短い時間での学習に効果大！

●「ここだけ押さえる！」で基本事項はまるごと覚えよう！

●豊富な図や表、イラストによるわかりやすい解説。

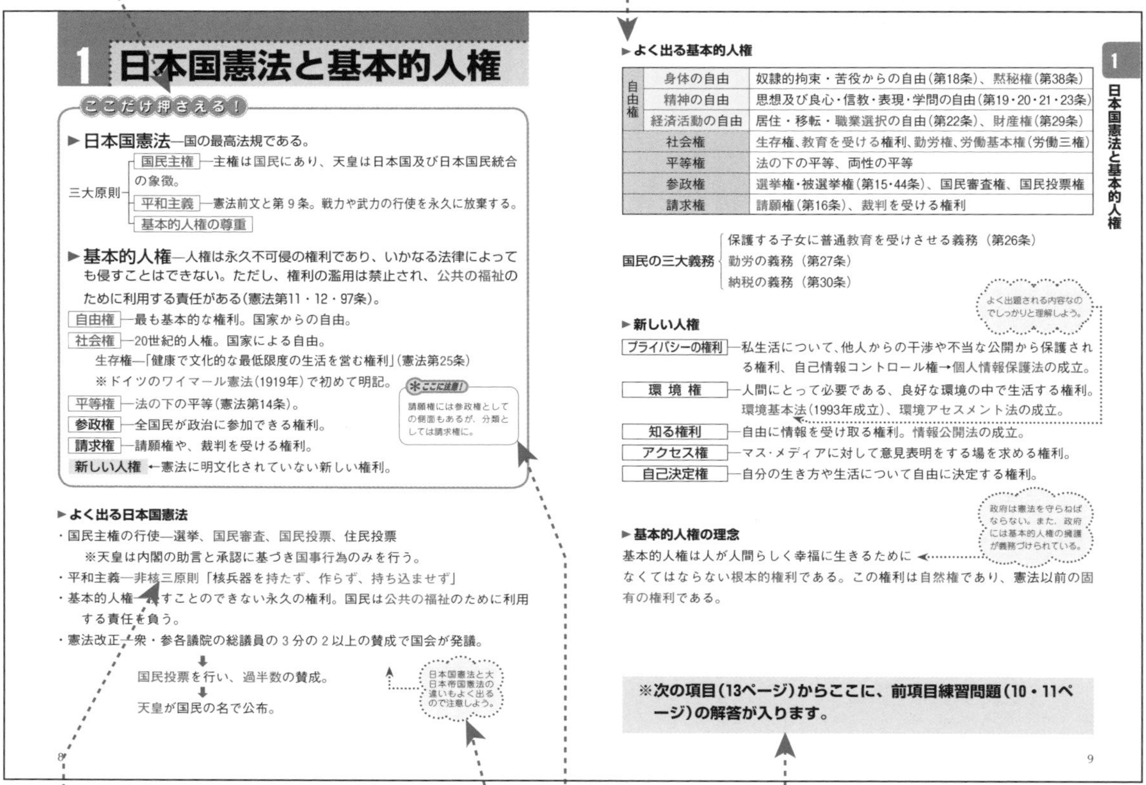

1 日本国憲法と基本的人権

ここだけ押さえる！

▶日本国憲法—国の最高法規である。

三大原則—
- 国民主権—主権は国民にあり、天皇は日本国及び日本国民統合の象徴。
- 平和主義—憲法前文と第９条。戦力や武力の行使を永久に放棄する。
- 基本的人権の尊重

▶基本的人権—人権は永久不可侵の権利であり、いかなる法律によっても侵すことはできない。ただし、権利の濫用は禁止され、公共の福祉のために利用する責任がある(憲法第11・12・97条)。

自由権—最も基本的な権利。国家からの自由。
社会権—20世紀的人権。国家による自由。
生存権—「健康で文化的な最低限度の生活を営む権利」(憲法第25条)
※ドイツのワイマール憲法(1919年)で初めて明記。
平等権—法の下の平等(憲法第14条)。
参政権—全国民が政治に参加できる権利。
請求権—請願権や、裁判を受ける権利。
新しい人権←憲法に明文化されていない新しい権利。

＊ここに注意！
請願権には参政権としての側面もあるが、分類としては請求権に。

▶よく出る日本国憲法
・国民主権の行使—選挙、国民審査、国民投票、住民投票
※天皇は内閣の助言と承認に基づき国事行為のみを行う。
・平和主義—非核三原則「核兵器を持たず、作らず、持ち込ませず」
・基本的人権—侵すことのできない永久の権利。国民は公共の福祉のために利用する責任を負う。
・憲法改正—衆・参各議院の総議員の３分の２以上の賛成で国会が発議。
↓
国民投票を行い、過半数の賛成。
↓
天皇が国民の名で公布。

日本国憲法と大日本帝国憲法の違いもよく出るので注意しよう。

8

▶よく出る基本的人権

自由権	身体の自由	奴隷的拘束・苦役からの自由(第18条)、黙秘権(第38条)
	精神の自由	思想及び良心・信教・表現・学問の自由(第19・20・21・23条)
	経済活動の自由	居住・移転・職業選択の自由(第22条)、財産権(第29条)
社会権		生存権、教育を受ける権利、勤労権、労働基本権(労働三権)
平等権		法の下の平等、両性の平等
参政権		選挙権・被選挙権(第15・44条)、国民審査権、国民投票権
請求権		請願権(第16条)、裁判を受ける権利

国民の三大義務
- 保護する子女に普通教育を受けさせる義務（第26条）
- 勤労の義務（第27条）
- 納税の義務（第30条）

よく出題される内容なのでしっかりと理解しよう。

▶新しい人権
プライバシーの権利—私生活について、他人からの干渉や不当な公開から保護される権利、自己情報コントロール権→個人情報保護法の成立。
環境権—人間にとって必要である、良好な環境の中で生活する権利。環境基本法(1993年成立)、環境アセスメント法の成立。
知る権利—自由に情報を受け取る権利。情報公開法の成立。
アクセス権—マス・メディアに対して意見表明をする場を求める権利。
自己決定権—自分の生き方や生活について自由に決定する権利。

政府は憲法を守らねばならない。また、政府には基本的人権の擁護が義務づけられている。

▶基本的人権の理念
基本的人権は人が人間らしく幸福に生きるためになくてはならない根本的権利である。この権利は自然権であり、憲法以前の固有の権利である。

※次の項目(13ページ)からここに、前項目練習問題(10・11ページ)の解答が入ります。

9

1 日本国憲法と基本的人権

●前の項目の解答・解説。

●特に重要な語句を、青地や青色の文字で表示。

●「ここに注意！」で間違えやすい箇所をチェック！

●フキダシで解き方や考え方をわかりやすくフォロー。

練習問題

- 解き方を理解したら練習問題で完全マスター！
- 「重要」マーク、「よく出る」マークで、重点を置く問題がすぐわかる。
- 練習問題を繰り返し解いていくことで脳に深く記憶される！
- 「覚えるコツ」「もう一押し」「解き方テクニック」では、記憶の仕方や問題の解き方を丁寧にアドバイス！

チェックボックスマークの見方

◎：最低限マスターしたい「重要問題」

◇：試験で頻出の「よく出る問題」

Part 1
社会科学

・日本国憲法や国会・内閣、金融や税の仕組み
・国際連合の組織とその他の主な国際機関、世界経済
・日本の少子高齢化と雇用、自然と環境問題、科学技術と社会

1 日本国憲法と基本的人権

ここだけ押さえる！

► **日本国憲法**—国の最高法規である。

三大原則—
- **国民主権**—主権は国民にあり、天皇は日本国及び日本国民統合の象徴。
- **平和主義**—憲法前文と第 9 条。戦力や武力の行使を永久に放棄する。
- **基本的人権の尊重**

► **基本的人権**—人権は永久不可侵の権利であり、いかなる法律によっても侵すことはできない。ただし、権利の濫用は禁止され、公共の福祉のために利用する責任がある(憲法第11・12・97条)。

自由権—最も基本的な権利。国家からの自由。

社会権—20世紀的人権。国家による自由。

生存権—「健康で文化的な最低限度の生活を営む権利」(憲法第25条)

※ドイツのワイマール憲法(1919年)で初めて明記。

平等権—法の下の平等(憲法第14条)。

参政権—全国民が政治に参加できる権利。

請求権—請願権や、裁判を受ける権利。

新しい人権←憲法に明文化されていない新しい権利。

ここに注意！

請願権には参政権としての側面もあるが、分類としては請求権に。

► **よく出る日本国憲法**

・国民主権の行使—選挙、国民審査、国民投票、住民投票

※天皇は内閣の助言と承認に基づき国事行為のみを行う。

・平和主義—非核三原則「核兵器を持たず、作らず、持ち込ませず」

・基本的人権—侵すことのできない永久の権利。国民は公共の福祉のために利用する責任を負う。

・憲法改正—衆・参各議院の総議員の 3 分の 2 以上の賛成で国会が発議。

↓

国民投票を行い、過半数の賛成。

↓

天皇が国民の名で公布。

日本国憲法と大日本帝国憲法の違いもよく出るので注意しよう。

あっという間にまるわかり！

ドリル式

一般常識問題集

図解&書き込み式

一般常識対策研究会◉編

永岡書店

▶ よく出る基本的人権

自由権	身体の自由	奴隷的拘束・苦役からの自由(第18条)、黙秘権(第38条)
	精神の自由	思想及び良心・信教・表現・学問の自由(第19・20・21・23条)
	経済活動の自由	居住・移転・職業選択の自由(第22条)、財産権(第29条)
社会権		生存権、教育を受ける権利、勤労権、労働基本権(労働三権)
平等権		法の下の平等、両性の平等
参政権		選挙権・被選挙権(第15・44条)、国民審査権、国民投票権
請求権		請願権(第16条)、裁判を受ける権利

国民の三大義務
- 保護する子女に普通教育を受けさせる義務（第26条）
- 勤労の義務（第27条）
- 納税の義務（第30条）

よく出題される内容なのでしっかりと理解しよう。

▶ 新しい人権

プライバシーの権利—私生活について、他人からの干渉や不当な公開から保護される権利、自己情報コントロール権→個人情報保護法の成立。

環境権—人間にとって必要である、良好な環境の中で生活する権利。環境基本法(1993年成立)、環境アセスメント法の成立。

知る権利—自由に情報を受け取る権利。情報公開法の成立。

アクセス権—マス・メディアに対して意見表明をする場を求める権利。

自己決定権—自分の生き方や生活について自由に決定する権利。

政府は憲法を守らねばならない。また、政府には基本的人権の擁護が義務づけられている。

▶ 基本的人権の理念

基本的人権は人が人間らしく幸福に生きるためになくてはならない根本的権利である。この権利は自然権であり、憲法以前の固有の権利である。

※次の項目(13ページ)からここに、前項目練習問題(10・11ページ)の解答が入ります。

練習問題 1 日本国憲法と基本的人権

1 日本国憲法、基本的人権について、次の空欄を埋めなさい。

(1) **日本国憲法**

□ 日本国憲法は国の①　　　　である。

□ 三大原則
- ②　　　　―憲法前文と第③　　　　条。
- ④　　　　
- ⑤　　　　―主権は⑥　　　　にあり、天皇は日本国及び日本国民統合の⑦　　　　。

(2) **基本的人権**

□ 基本的人権は①　　　　のために利用する責任がある。

□ ②　　　　権―③　　　　世紀的人権。④　　　　による自由。

□ ⑤　　　　権（憲法第25条）→「⑥　　　　で⑦　　　　な⑧　　　　の生活を営む権利」

□ ⑨　　　　権―⑩　　　　の平等。

□ ⑪　　　　権―全国民が政治に参加できる権利。

□ ⑫　　　　権―請願権や、⑬　　　　を受ける権利。

□ ⑭　　　　権―最も基本的な権利。⑮　　　　からの自由。

2 日本国憲法、基本的人権、新しい人権について、次の空欄を埋めなさい。

(1) **日本国憲法**

□ 平和主義の非核三原則―「核兵器を①　　　　、　　　　、　　　　」

□ 国民主権の行使には、選挙、②　　　　、③　　　　、住民投票がある。

□ 天皇は内閣の助言と承認に基づき④　　　　のみを行う。

□ 憲法改正の基本的な手順―衆・参各議院の総議員の⑤　　　　分の⑥　　　　以上の賛成で国会が発議。

➡⑦　　　　を行い、⑧　　　　の賛成。➡⑨　　　　が国民の名で公布。

(2) **基本的人権**

□	自由権	①　　の自由	奴隷的拘束・苦役からの自由（第18条） ②　　権（第38条）
□	自由権	③　　の自由	思想及び良心・信教・表現・学問の自由（第19・20・21・23条）
□	自由権	経済活動の自由	居住・移転・④　　の自由（第22条） ⑤　　権（第29条）
□	⑥　　権		法の下の平等、両性の平等
□	⑦　　権		⑧　　権、教育を受ける権利、 ⑨　　権、⑩　　権（労働三権）
□	参政権		⑪　　権・被選挙権（第15・44条）、国民審査権、国民投票権
□	⑫　　権		⑬　　権（第16条）、裁判を受ける権利

◆ 国民の三大義務—⑭保護する　　を受けさせる義務、⑮　　の義務、⑯　　の義務

(3) **新しい人権**

□ ①　　権—マス・メディアに対して意見表明をする場を求める権利。

◆ プライバシーの権利—②　　法の成立。

□ 環境権—③　　法、環境④　　法の成立。

□ ⑤　　権利—情報公開法の成立。

覚えるコツ

日本国憲法の三大原則は国民（国民主権）の平和（平和主義）の基本（基本的人権の尊重）という語呂合わせで覚える。基本的人権は、「自由（自由権）で平等（平等権）な社会（社会権）に賛成！（参政権・請求権）」で覚える。しかし、ここでの項目は暗記する以前に、その下地として普段の生活の中でニュース番組を見たり、新聞を読むことなどが大切である。

2 国会の仕組み・内閣

ここだけ押さえる！

► 内閣と国会の関係

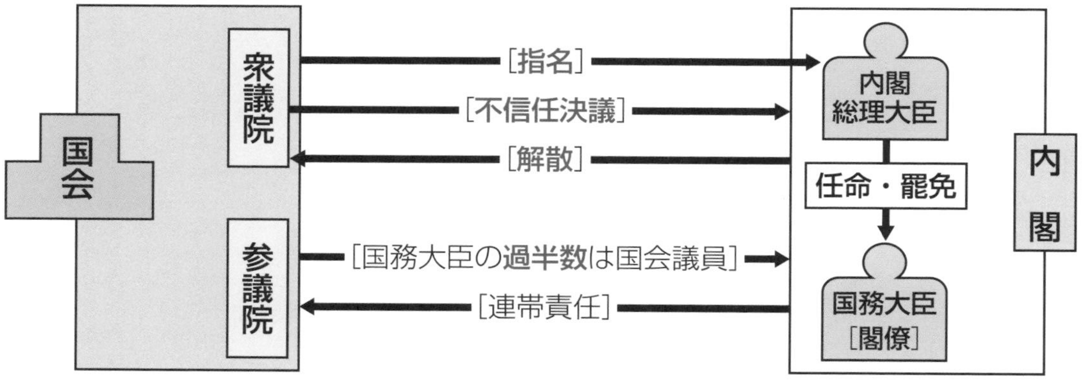

内閣総理大臣―国会議員であり、文民（職業軍人（自衛官）でない者）であること。国会が指名して、天皇が任命する。

► **国会**―国権の最高機関で唯一の立法機関

仕組み―二院制 衆議院 と 参議院 から構成される。

※法律案や予算の議決などにおいて衆議院の優越が認められている。

役割―法律の制定、予算の議決、内閣総理大臣の指名、条約の承認、衆議院による内閣不信任案の決議、弾劾裁判所の設置、国政調査権など。

種類
- 通常国会（常会）…毎年１回１月に召集される。
- 臨時国会（臨時会）…内閣が認めたとき、どちらかの議院の総議員の４分の１以上の要求があったとき、任期満了による衆議院議員選挙または参議院議員の通常選挙が行われたときに召集。
- 特別国会（特別会）…衆議院解散による総選挙後30日以内に召集。

＊ここに注意！
国勢調査とは無関係!!

► **内閣**―行政権の最高機関 ◀……（行政の最高の責任を持つということ。）

議院内閣制―内閣は国会の信任によって成立し、国会に対して連帯して責任を負う。

閣議―行政上意思決定するために開く国務大臣の会議。全会一致の原則がとられる。

役割
- [国会関係] 予算・法律案の作成・国会への提出、予算・法律の執行、外交関係の処理・条約の締結、国会の召集、衆議院の解散、参議院の緊急集会の決定など。
- [司法関係] 最高裁判所長官の指名と他の裁判官の任命、恩赦の決定
- [その他] 政令の制定、天皇の国事行為に対する助言と承認

▶内閣不信任決議

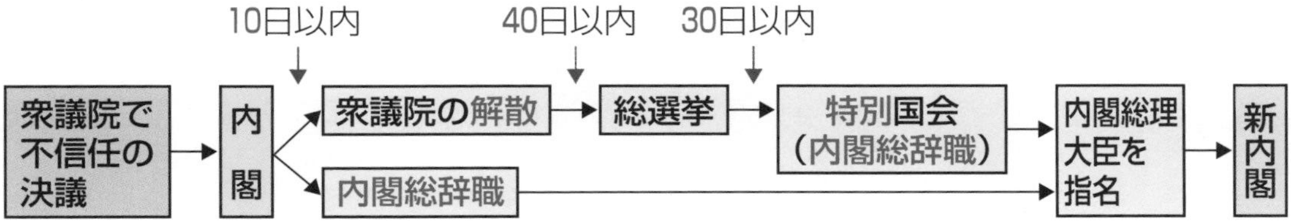

▶二院制の仕組み

	衆議院	参議院
議員定数	465人	248人
任期	4年（解散あり）	6年（3年ごとに半数を改選）
被選挙権	満25歳以上	満30歳以上

参議院の議員定数は、2018年7月に改正された。

▶衆議院の優越

1．法律案の議決　2．予算の議決　3．条約の承認
4．内閣総理大臣の指名　5．内閣の信任・不信任決議

※国会の議決が成立するためには、両議院の議決が一致することが必要になる。一致しないときには、法律案の場合、衆議院の出席議員の3分の2以上の再議決により、衆議院の議決だけで法律を制定することができるが、予算・条約の承認、首班指名の場合は、必ず両院協議会を開き、ここでも一致しない場合、衆議院の議決が国会の議決となる。

1 日本国憲法と基本的人権 ← P10・11 解答

❶ (1) ①最高法規 ②平和主義 ③9 ④基本的人権の尊重 ⑤国民主権 ⑥国民 ⑦象徴
(2) ①公共の福祉 ②社会 ③20 ④国家 ⑤生存 ⑥健康 ⑦文化的 ⑧最低限度 ⑨平等 ⑩法の下 ⑪参政 ⑫請求 ⑬裁判 ⑭自由 ⑮国家

❷ (1) ①持たず、作らず、持ち込ませず ②国民審査 ③国民投票（②、③順不同） ④国事行為 ⑤3 ⑥2 ⑦国民投票 ⑧過半数 ⑨天皇
(2) ①身体 ②黙秘 ③精神 ④職業選択 ⑤財産 ⑥平等 ⑦社会 ⑧生存 ⑨勤労 ⑩労働基本（⑧〜⑩順不同） ⑪選挙 ⑫請求 ⑬請願 ⑭子女に普通教育 ⑮勤労 ⑯納税（⑮、⑯順不同）
(3) ①アクセス ②個人情報保護 ③環境基本 ④アセスメント ⑤知る

練習問題　2　国会の仕組み・内閣

1 国会と内閣について、次の空欄を埋めなさい。

(1)　**国会**

□ 国会は①　　　　の最高機関で唯一の②　　　　である。

◇ ③　　　　と④　　　　の二院制で構成される。

□ 役割には⑤　　　　の指名、⑥　　　　による⑦　　　　の決議、⑧　　　　の議決、⑨　　　　の制定、⑩　　　　の承認、⑪　　　　の設置、国政調査権などがある。

◇ 国会の種類を3つ書きなさい。

⑫　　　　　⑬　　　　　⑭　　　　

(2)　**内閣**

□ 内閣は①　　　　の最高機関である。行政上意思決定するために開く国務大臣の会議は②　　　　であり、③　　　　の原則がとられる。

「国会の信任によって成立し、国会に対して④　　　　して責任を負う」という⑤　　　　制をとっている。

◇ 役割には、司法関係では、⑥　　　　の指名と他の裁判官の⑦　　　　、恩赦の決定がある。国会関係では国会の召集、⑧　　　　の解散、参議院の⑨　　　　の決定、⑩　　　　案の作成・国会への提出、⑩　　　　の執行、外交関係の処理・条約の締結などがある。

□ 内閣不信任決議—衆議院で不信任が決議されてから⑪　　　　に衆議院が解散されない限り、内閣は総辞職しなければならない。

衆議院が解散されたときは、⑫　　　　に総選挙を行わなければならない。

解散による総選挙が行われたときは、⑬　　　　に特別国会を開かなければならない。

❷ 次の各問題の表、文章の空欄を埋めなさい。

(1) 二院制

◇

	衆議院	参議院
議員定数	①［　　］人	②［　　］人
任期	③［　　］年（④［　　］あり）	⑤［　　］年（⑥［　　］年ごとに半数を改選）
被選挙権	⑦満［　　］歳以上	⑧満［　　］歳以上

(2) 衆議院の優越

□ 衆議院の優越は法律案の議決、予算の議決、条約の承認、①［　　］の指名、内閣の②［　　］決議などで認められている。

□ 国会の議決を成立させるために、両議院の議決が一致しないとき、予算・条約の承認、首班指名の場合には、必ず③［　　］を開く。④［　　］案の場合、衆議院の⑤［　　］の⑥［　　］分の⑦［　　］以上の再議決により、衆議院の議決だけで制定することができる。

◎ (3) 内閣と国会

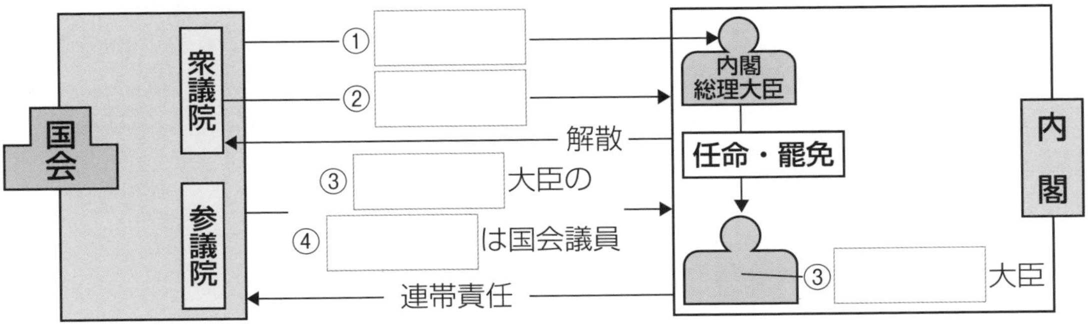

□ 内閣総理大臣の条件は⑤［　　］であり、⑥［　　］であること。国会が⑦［　　］して、天皇が⑧［　　］する。

もう一押し

中央省庁は2001年の再編により、１府12省庁となり各省庁の名称も変更された。中にはやや長いものもあるので、その場合は以下のようにいったん略称で覚えておくとよい。
文部科学省→文科省　厚生労働省→厚労省　農林水産省→農水省　経済産業省→経産省
国土交通省→国交省

3 選挙制度・政党

ここだけ押さえる！

► 選挙制度の基礎知識

●基本原則
- 代議制（間接民主制）← 国民主権の原則より
- 選挙制度の５原則：普通選挙・平等選挙・直接選挙・自由選挙・秘密選挙

●選挙区制
- 衆議院 ― 小選挙区比例代表並立制選挙
- 参議院 ― 選挙区選挙と比例代表制選挙

●規定する法律―公職選挙法

●選挙権は、満18歳以上の全ての国民に認められている。

●選挙制度の問題点●

議員定数の不均衡（１票の格差）

選挙議員１人当たりの有権者数が選挙区により異なるため、１票の価値に格差が生じている。地方と都市ではこの格差が大きい。憲法の法の下の平等に違反するという判例も過去に出ている。

► 与党と野党

与党―政権を担当している政党

野党―政権を担当していない政党

► 選挙制度の種類とその特徴

・小選挙区制―１つの選挙区から１名の代表者を選出する。

・大選挙区制―１つの選挙区から２名以上の代表者を選出する。

・中選挙区制―大選挙区制の一種で、１つの選挙区から３～５名選出する。

・比例代表制―各政党の得票数に比例して議席を配分する。

日本の衆議院選挙は長い間、中選挙区制だった。

► 現在の日本の選挙制度

●衆議院―小選挙区比例代表並立制選挙：小選挙区制と拘束名簿式比例代表制を組み合わせた制度。

●参議院―選挙区選挙と非拘束名簿式比例代表制選挙：政党・政治団体が届け出た候補者の氏名、もしくは政党・政治団体の名称・略称のどちらでも投票できる非拘束名簿式比例代表制選挙と選挙区選挙を組み合わせた制度。2018年の公職選挙法改正で比例代表選挙に特定枠が設けられた。

▶選挙制度の長所と短所

●小選挙区制
- 長所─多数党に有利で2大政党化しやすく、政局が安定する。選挙費用の節約になる。
- 短所─死票（落選者の得票）が多くなり、少数党に不利となる。

●大選挙区制
●中選挙区制
- 長所─死票が少なく、少数党も代表者を送ることができる。
- 短所─選挙費用がかかる。小党が乱立し、政局が不安定となる。

●比例代表制
- 長所─各党への公平な議席配分で、死票を少なく抑えることができる。地域の利害にとらわれない人物を国会に送ることができる。
- 短所─当選者が多数の政党に分散し、小党分立で政局が不安定になる場合がある。

▶選挙制度の5原則

1．普通選挙の原則─納税額や、性別などにより差別を設けることなく、一定の年齢に達したすべての国民に選挙権がある。

2．平等選挙の原則─性別や社会的身分により差別されることなく、平等に1人1票の選挙権がある。

3．直接選挙の原則─有権者が直接代表者を選ぶことができる。

4．自由選挙の原則─誰にも干渉されず、自分の判断で自由に投票することができる。

5．秘密選挙の原則─誰がどの候補者・政党に投票したかわからないように、投票の秘密が守られている。

2 国会の仕組み・内閣 ⬅ P14・15 解答

❶ (1) ①国権 ②立法機関 ③衆議院 ④参議院（③、④順不同） ⑤内閣総理大臣 ⑥衆議院
⑦内閣不信任案 ⑧予算 ⑨法律 ⑩条約 ⑪弾劾裁判所
⑫通常国会（常会） ⑬臨時国会（臨時会） ⑭特別国会（特別会） （⑫～⑭順不同）
(2) ①行政権 ②閣議 ③全会一致 ④連帯 ⑤議院内閣 ⑥最高裁判所長官 ⑦任命
⑧衆議院 ⑨緊急集会 ⑩予算・法律 ⑪10日以内 ⑫40日以内 ⑬30日以内

❷ (1) ①465 ②248 ③4 ④解散 ⑤6 ⑥3 ⑦25 ⑧30
(2) ①内閣総理大臣 ②信任・不信任 ③両院協議会 ④法律 ⑤出席議員 ⑥3 ⑦2
(3) ①指名 ②不信任決議 ③国務 ④過半数 ⑤国会議員 ⑥文民（⑤、⑥順不同） ⑦指名 ⑧任命

練習問題 3 選挙制度・政党

1 選挙の仕組み、政党について、次の空欄を埋めなさい。

□ 選挙の基本原則は、国民主権の原則により① 制である。

選挙制度の5原則→② 選挙・③ 選挙・

④ 選挙・⑤ 選挙・⑥ 選挙

◇ 現在の日本の選挙制度
- 衆議院→⑦ 制選挙
- 参議院→⑧ 制選挙と選挙区選挙

□ 選挙は⑨ 法によって規定されている。

◇ 政権を担当している政党を⑩ という。

政権を担当していない政党を⑪ という。

◇ 選挙権は、満⑫ 歳以上の全ての国民に認められている。

2 選挙について、次の空欄を埋めなさい。

(1) 選挙制度

□ ① 選挙区制─1つの選挙区から2名以上の代表者を選出する。この選挙区制の長所は② 票(落選者の得票)が少なく、③ 数党も代表者を送ることができることである。対して短所は選挙費用が④ 、小党が乱立し、政局が⑤ となることが挙げられる。

□ ⑥ 選挙区制─⑦ 選挙区制の一種で、3～5名選出する。

□ 小選挙区制─1つの選挙区から⑧ 名の代表者を選出する。この選挙区制の長所は⑨ 数党に有利で⑩ 政党化しやすく、政局が⑪ するし、選挙費用の⑫ になることである。対して短所は⑬ 票が多くなり、⑭ 数党に不利となることが挙げられる。

□ ⑮［　　］代表制―各政党の⑯［　　］に比例して議席を配分する。この選挙区制の長所は、各党への公平な議席配分で、⑰［　　］票を最小限に抑えることができ、また⑱［　　］の利害にとらわれない人物を国会に送ることができることである。対して短所は⑲［　　］が多数の政党に分散し、小党分立で政局が不安定になることが挙げられる。

(2) 日本の選挙の問題点

◉ 議員定数の不均衡―地方と都市では①［　　］の価値に格差が生じている。憲法の②［　　］に違反するという判例も過去に出ている。

□ 投票率の低下―③［　　］層を中心に、④政治的［　　］層が増大している傾向があるといわれている。

(3) 選挙の5原則

◇ 1．普通選挙の原則―①［　　］額や、性別などにより差別を設けることなく、一定の年齢に達したすべての国民に選挙権がある。

◇ 2．平等選挙の原則―性別や②［　　］により差別されることなく、平等に1人1票の選挙権がある。

◇ 3．③［　　］選挙の原則―有権者が③［　　］代表者を選ぶことができる。

◇ 4．自由選挙の原則―誰にも④［　　］されず、自分の判断で自由に投票することができる。

◇ 5．⑤［　　］選挙の原則―誰がどの候補者・政党に投票したかわからないように、投票の⑤［　　］が守られている。

もう一押し

利益団体

利益団体（利益集団、圧力団体）は、自分たちの利益を実現するために、行政機関や政党に働きかけて政策決定に影響を及ぼす団体。日本経団連（日本経済団体連合会）、日本医師会、地方六団体などがある。こうした活動はアメリカが本場で、ロビー団体とよばれている。代表的なものに全米（全国）ライフル協会がある。

4 裁判所

ここだけ押さえる！

▶司法と司法権の独立

司法―法に基づいて争い事を解決すること。

司法権の独立―裁判官は良心にしたがって独立して職権を行使し、憲法と法律にのみ拘束される。

裁判所―上級裁判所と下級裁判所で構成される。

違憲立法審査権（法律・政令・条例などの法規が憲法に違反していないかどうかを審査し、憲法に違反している場合はそれを無効とする権限）が認められている。ただし、最高裁がこの権限を行使して違憲判決を下した例は極めて少ない。

▶裁判所の種類

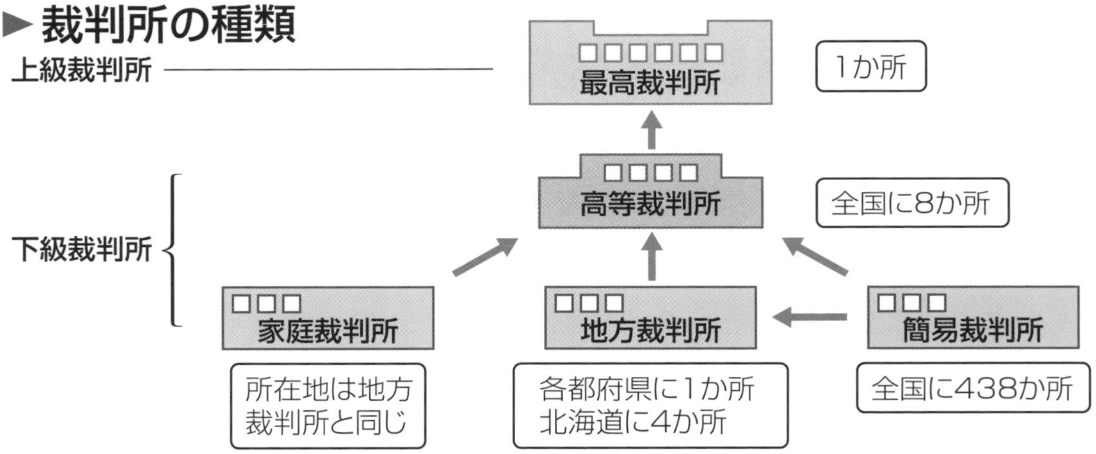

▶最高裁判所―司法権の最高機関。長官は内閣が指名し、天皇が任命する。裁判官は、適任かどうか、国民審査を受ける。違憲立法に関する終審裁判所でもあるので憲法の番人とよばれる。

▶民事裁判と刑事裁判の違い

〈民事裁判〉 原告（個人） 訴えたほう →提訴 被告（個人） 訴えられたほう ・・・ 裁判所 民法・商法などに照らしどちらが正しいか判断

[個人の争い―離婚、お金の貸借、遺産相続など]

〈刑事裁判〉 検察官（国家） →起訴 被告人（個人） ・・・ 裁判所 有罪か無罪か判決を下す

[人や社会に害を及ぼすような犯罪行為―殺人、放火、詐欺、盗みなど]

▶三審制―裁判の当事者が希望する場合、原則3回まで裁判を受けられる制度。

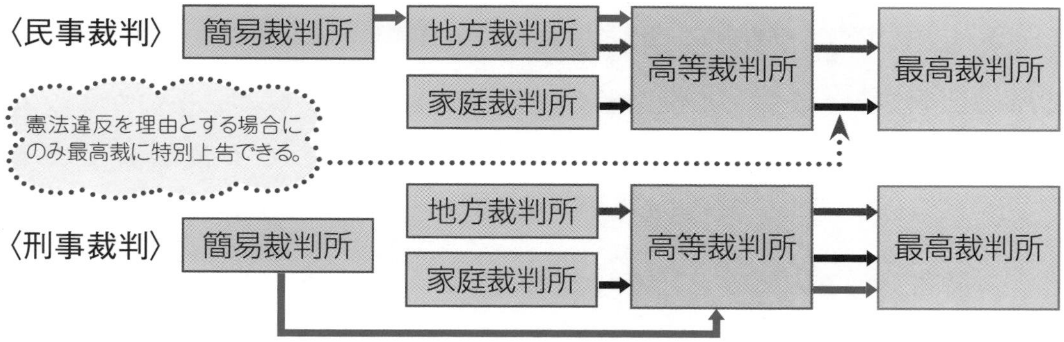

▶上訴

未確定の裁判について、上級の裁判所にやり直しを求め訴えることを上訴といい、三審制では上訴が2通りある。

三審制をとる理由：裁判は公正でなければならず、慎重に行うため。

1．控訴―第一審の判決に不服な場合
2．上告―第二審の判決に不服な場合

▶裁判員制度

国民（一定の年齢に達した有権者）から無作為に選ばれた裁判員が、殺人、傷害致死などの重大事件の刑事裁判（地方裁判所）において裁判に参加する制度。裁判員は、裁判官とともに被告人が有罪か無罪か、また有罪であると判断した場合の量刑について合議し、判断する。刑事裁判への一般国民の参加を図ることを目的として、2009年5月から開始された。なお、裁判員が参加する事件では、事件の争点をあらかじめ明らかにするための「公判前整理手続」が必ず行われ、審理期間の短縮を図る。2015年6月、裁判員法が一部改正された。

3 選挙制度・政党 ⇐ P18・19 解答

❶ ①代議（間接民主） ②普通 ③平等 ④直接 ⑤自由 ⑥秘密（②～⑥順不同）
⑦小選挙区比例代表並立 ⑧（非拘束名簿式）比例代表 ⑨公職選挙 ⑩与党 ⑪野党 ⑫18

❷ (1) ①大 ②死 ③少 ④かかる ⑤不安定 ⑥中 ⑦大 ⑧1 ⑨多 ⑩2大 ⑪安定 ⑫節約
⑬死 ⑭少 ⑮比例 ⑯得票数 ⑰死 ⑱地域 ⑲当選者
(2) ①1票 ②法の下の平等 ③若年 ④無関心
(3) ①納税 ②社会的身分 ③直接 ④干渉 ⑤秘密

練習問題　4　裁判所

1 裁判所について、次の空欄を埋めなさい。

□ 裁判所には「法律・政令・条例などの法規が憲法に違反していないかどうかを審査し、憲法に違反している場合はそれを無効とする権限」である①［　　　　］が認められている。

□ ただし、最高裁がこの権限を行使して②［　　　　］を下した例は極めて少ない。

□ **裁判員制度**—国民（一定の年齢に達した有権者）から無作為に選ばれた裁判員が、殺人、傷害致死などの重大事件の③［　　　　］裁判（地方裁判所）において裁判に参加する制度。裁判員は、裁判官とともに被告人が有罪か無罪か、また、有罪であると判断した場合の量刑について合議し、判断する。

□ **最高裁判所**—違憲立法に関する終審裁判所でもあるので④［　　　　］とよばれる。長官は内閣が⑤［　　　　］し、天皇が⑥［　　　　］する。裁判官は、適任であるかどうか、⑦［　　　　］を受ける。

□ 司法権の独立の原則より、裁判官は⑧［　　　　］にしたがって独立して職権を行使し、⑨［　　　　］と⑩［　　　　］にのみ拘束される。

□ 日本の裁判は⑪［　　　　］制をとっている。

□ 事件の内容によって⑫［　　　　］裁判と⑬［　　　　］裁判の２種類がある。

〈裁判所の種類〉

□ **上級裁判所**——⑭［　　　　］裁判所（⑮［　　　　］か所）

□ **下級裁判所**
- ⑯［　　　　］裁判所（全国に⑰［　　　　］か所）
- ⑱［　　　　］裁判所（各都府県に⑲［　　　　］か所、北海道に４か所）
- ⑳［　　　　］裁判所（所在地は地方裁判所と同じ）
- ㉑［　　　　］裁判所（全国に438か所）

2 裁判について、次の空欄を埋めなさい。

(1) 三審制

〈上訴の種類〉

① ＿＿＿＿　② ＿＿＿＿

第一審 ━━→ 第二審 ━━→ 第三審

三審制をとる理由は、裁判は③ ＿＿＿＿ でなければならず、慎重に行う必要があるため。

(2) 民事裁判と刑事裁判の違い

〈民事裁判〉 ① ＿＿＿＿ ━━→ ② ＿＿＿＿

訴えたほう　提訴　訴えられたほう

〈刑事裁判〉 ③ ＿＿＿＿ ━━→ ④ ＿＿＿＿

起訴

民事裁判―⑤ ＿＿＿＿ 、お金の貸借、⑥ ＿＿＿＿ など←個人の争い

刑事裁判―⑦ ＿＿＿＿ 、放火、⑧ ＿＿＿＿ 、盗みなど←人や社会に害を及ぼすような犯罪行為

民事裁判・刑事裁判の流れは以下の通りである。

〈民事裁判〉

⑨ ＿＿＿＿ 裁判所→⑩ ＿＿＿＿ 裁判所⇉
⑪ ＿＿＿＿ 裁判所→
⑫ ＿＿＿＿ 裁判所⇉ 最高裁判所

〈刑事裁判〉

⑬ ＿＿＿＿ 裁判所
⑭ ＿＿＿＿ 裁判所→
⑮ ＿＿＿＿ 裁判所→
⑯ ＿＿＿＿ 裁判所⇉ 最高裁判所

覚えるコツ

裁判所の問題は、2009年５月から開始された裁判員制度に関するものが増えているので、その仕組みや問題点を、新聞で読んだり、インターネットで調べておきたい。

5 国際連合と国際機関

ここだけ押さえる！

► **国際連合**—1945年に成立、本部はニューヨーク

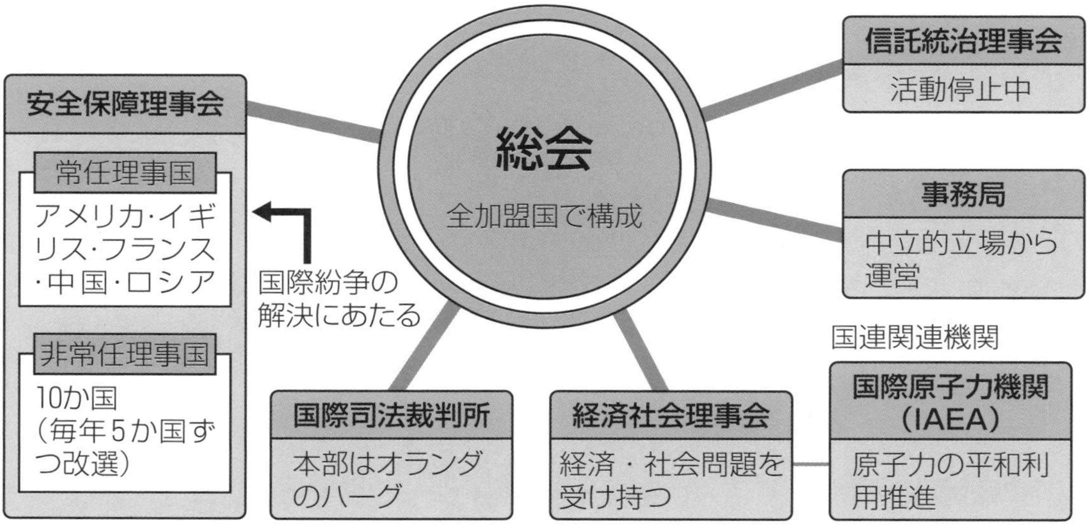

► **国際連合の主な専門機関**—以下は経済社会理事会の関係機関

・国連食糧農業機関（FAO）—世界の栄養水準および生活水準の向上を目指す。

・国連教育科学文化機関（UNESCO《ユネスコ》）—教育・科学・文化面での国際協力の促進。

・国際労働機関（ILO）—労働・生活条件の改善を目的とする。1969年にノーベル平和賞受賞。

・国際復興開発銀行（世界銀行）（IBRD）—発展途上国の経済発展と、世界経済の安定。

・国際開発協会（IDA）—最貧国への無利子ローンなどによる援助。世界銀行のグループ機関。

・国際通貨基金（IMF）—国際的な金融協力や為替の安定を目的とした国際金融機関。

・世界保健機関（WHO）—世界の人々の身体的・精神的健康水準の向上が目的。

・世界気象機関（WMO）—気象観測業務の国際的な標準化と調整を主な業務とする。

・国際民間航空機関（ICAO）—国際航空運送業務の健全かつ経済的な運営を図る。

・万国郵便連合（UPU）—郵便業務の国際協力の増進を図ることを目的とする。

► **総会による主な設置機関**

・国連貿易開発会議（UNCTAD《アンクタッド》）—貿易と開発に関する南北問題を協議。

・国連大学（UNU）　・国連児童基金（UNICEF《ユニセフ》）

・国連難民高等弁務官事務所 （UNHCR）—難民問題の解決を図る。

▶その他の国際組織

略称と正式名称を、一致させて覚えよう。

●主な国際機関

・ＥＵ（欧州連合）─本部はブリュッセル。ECを改組したもの。単一通貨ユーロを実現。加盟国間の輸出入、出稼ぎは自由。

・ＯＥＣＤ（経済協力開発機構）─本部はパリ。経済先進国の経済政策の調整と発展途上国への開発援助。

・ＷＴＯ（世界貿易機関）─自由貿易促進を主目的とし、GATT《ガット》（関税および貿易に関する一般協定）ウルグアイ・ラウンドにおける合意に基づき発足。

・ＯＰＥＣ《オペック》（石油輸出国機構）─石油輸出国の利益を守る。

・ＵＳＭＣＡ（米国・メキシコ・カナダ協定）─NAFTA《ナフタ》に代わるアメリカ・メキシコ・カナダの３か国による貿易協定。2020年7月1日に発効。

・ＡＳＥＡＮ《アセアン》（東南アジア諸国連合）─東南アジア10か国の経済・社会の発展を目指し、協力と相互援助開発を推進。安全保障、文化面でも統合を進める。

・ＡＰＥＣ《エイペック》（アジア太平洋経済協力）─アジア太平洋地域の持続可能な発展を目的とし、域内の全主要国・地域が参加するフォーラム。

・ＮＡＴＯ《ナトー》（北大西洋条約機構）─自由主義体制を擁護し、北大西洋地域の安定と福祉を助長、集団的防衛と平和および安定の維持に努める。

●民間の主な国際組織（NGO）

・国際赤十字─戦争犠牲者の保護などを定めたジュネーブ４条約の適用と遵守の面で活動。

・国際アムネスティ─人権侵害に対する調査、政策提言、ボランティア市民活動を行う。

・国境なき医師団─ボランティア団体。戦災地などで医療活動を行う。

国際連合関連では、安全保障理事会について聞かれることが多いので、その仕組みについては確実に覚えたい。また、主な国際機関、主な専門機関の名称と役割も覚えておこう。

4 裁判所 ← P22・23 解答

❶ ①違憲立法審査権　②違憲判決　③刑事　④憲法の番人　⑤指名　⑥任命　⑦国民審査
⑧良心　⑨憲法　⑩法律（⑨、⑩順不同）　⑪三審　⑫民事　⑬刑事（⑫、⑬順不同）　⑭最高
⑮１　⑯高等　⑰８　⑱地方　⑲１　⑳家庭　㉑簡易

❷ (1) ①控訴　②上告　③公正
(2) ①原告　②被告　③検察官（国家）　④被告人　⑤離婚　⑥遺産相続（⑤、⑥順不同）
⑦殺人　⑧詐欺（⑦、⑧順不同）　⑨簡易　⑩地方　⑪家庭　⑫高等　⑬簡易
⑭地方　⑮家庭（⑭、⑮順不同）　⑯高等

1 国際連合の組織と専門機関について、次の問いに答えなさい。

(1) 国際連合の組織について、次の空欄を埋めなさい。

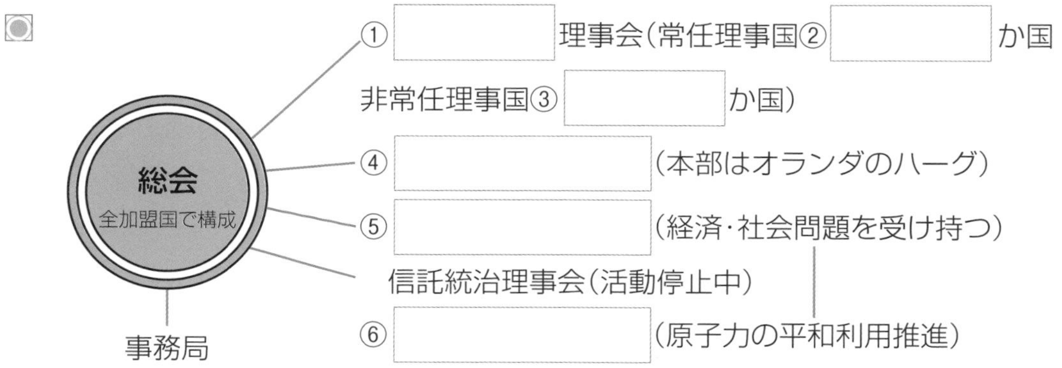

(2) 国際連合の主な専門機関と略称について、次の空欄を埋めなさい。また、選択肢からその役割を選び[ ]に記号で答えなさい。

□ 国際通貨基金①( )[ ]

□ ② (世界銀行)(IBRD)[ ]

□ 国際労働機関③( )[ ]

□ 国際開発協会④( )[ ]

□ 国連食糧農業機関⑤( )[ ]

□ ⑥ (UNESCO)[ ]

ア. 最貧国への援助	イ. 世界の栄養水準などの向上
ウ. 発展途上国の経済発展	エ. 国際的な金融協力や為替の安定を目的とする
オ. 労働・生活条件の改善	カ. 教育・科学・文化面での国際協力

(3) 総会による設置機関をそれぞれ正式名称、略称ともに3つ書きなさい。

正式名称	略称
□	[ ]
□	[ ]
□	[ ]

❷ 国際機関と国際組織について、次の問いに答えなさい。

(1) **主な国際機関について、次の空欄を埋めなさい。**

□ USMCA①(　　　　)―アメリカ・②　　　　・③　　　　の3か国による貿易協定。2020年7月1日に発効。

□ ④　　　　(欧州連合)―本部はブリュッセル。⑤　　　　を改組したもの。加盟国間の輸出入、出稼ぎは自由。

□ ASEAN⑥(　　　　)―加盟国の経済・社会の発展を目指し、協力と相互援助開発を推進。

□ ⑦　　　　(世界貿易機関)―GATTウルグアイ・ラウンドの合意により発足。

□ ⑧　　　　(経済協力開発機構)―本部はパリ。経済先進国の経済政策の調整と発展途上国への開発援助。

□ ⑨　　　　(石油輸出国機構)―石油輸出国の利益を守る。

□ ⑩　　　　(北大西洋条約機構)―北大西洋地域の平和と安定に努める。

□ ⑪　　　　(アジア太平洋経済協力)―アジア太平洋地域の持続可能な発展を目的とするフォーラム。

□ (2) **民間の組織（非政府機関）のことを略して何というか。**　　　　

□ (3) **民間の主な国際組織を3つ書きなさい。**

　　　　　　　　

もう一押し

SDGs

2015年9月の国連サミットで採択された「持続可能な開発目標」の略称。貧困の根絶，飢餓の撲滅など17の目標(ゴール)と169の具体的目標(ターゲット)とからなり，発展途上国から先進国を含む，すべての国々が2030年までに達成すべき行動計画を示している。日本政府は2016年にSDGs推進本部を設置し，推進に向けた体制づくり，実施指針を決定した。

6 金融・経済

ここだけ押さえる！

▶金融と通貨の仕組み

金融―経済活動に必要な資金の融通を行うこと。

資金の需要者と供給者が取引する場を**金融市場**という。

通貨制度の変遷

金本位制度 → **管理通貨制度**

兌《だ》換《かん》紙幣

世界恐慌（1929 年）

不《ふ》換《かん》紙幣

管理通貨制度とは、中央銀行が物価の安定や経済成長などの政策目標に合わせて通貨を管理し、金融市場の資金の需給調整を行う制度。

▶中央銀行（日本銀行）の役割と金融政策

役割

- 発券銀行
- 政府の銀行
- 銀行の銀行

金融政策

- 公定歩合操作－公定歩合＊（日本銀行が市中銀行に資金を貸し出す際に適用される利子率）を上下させ、日銀の金融政策の姿勢を示す。

＊「公定歩合」は日銀により、2006年8月から「基準割引率および基準貸付利率」に名称変更されている。

- 公開市場操作－日本銀行手持ちの有価証券を売買し（この操作をオペレーションという）、通貨量を調節。
- 預金準備率操作－市中金融機関に預金の一定割合（この割合を預金準備率という）を準備預金として日本銀行へ預金させ、通貨量を調節。

▶金融の仕組み

金本位制度での**兌換紙幣**は金との交換が保証されているのに対して、管理通貨制度での**不換紙幣**は金保有とは関係なく発行される。

マネーストック―社会に出回っているお金の総量のことで、**通貨残高**ともいう。

毎月日本銀行が発表している。

▶インフレーションとデフレーション

インフレーション

様々な原因により、物価が継続的に**上昇**する状態。

⇔

デフレーション

様々な原因により、物価が継続的に**下降**する状態。

インフレ時とデフレ時とでは逆の政策になる。

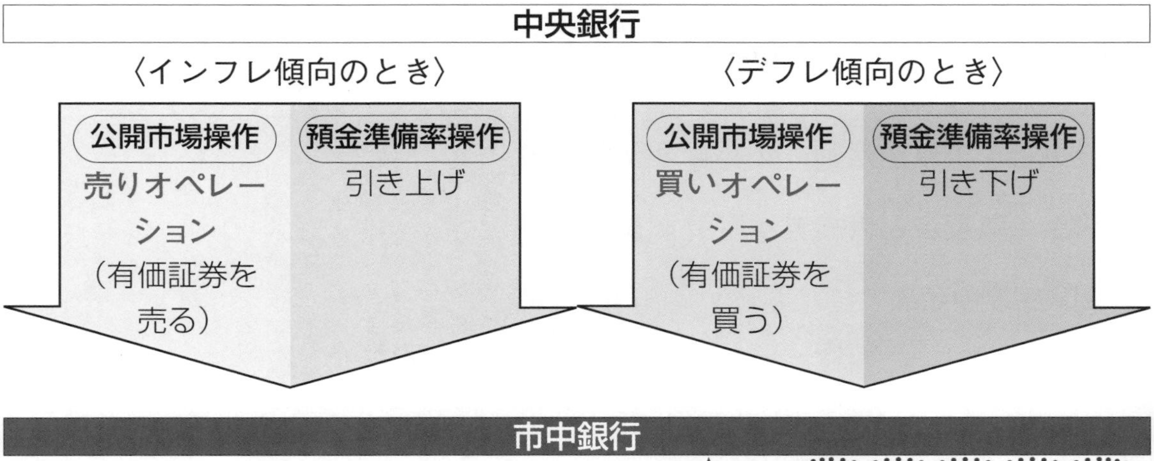

有価証券：財産権を表示する証券。株券・債券・手形・小切手など。

▶金融の自由化

・金利の自由化―日本では、戦後、経済復興のため、厳しく金利を規制する政策をとってきたが、経済構造の変化等により、1970年代後半から金利自由化が進められた。

・業務の規制緩和―金融機関の業務範囲の規制を緩和すること。

▶よく出る金融関係用語

●プライムレート―民間金融機関が企業に対して融資する際の、最も信用度の高い企業に対する最優遇貸出金利のこと。

●ペイオフ―金融機関が破綻した場合に、預金保険機構が決済用預金（無利息、要求払いの預金）を除く預金の元本1,000万円までとその利息額を預金者に支払う。前記の範囲を超える部分は一部カットされることがある。

●金融商品取引法―従来の証券取引法を改正し、金融商品全般の取引に関する総合的なルールを定めた法律。金融商品の多様化に対応し、投資家保護の規定が強化されている。2007年9月に全面施行された。

5 国際連合と国際機関 ← P26・27 解答

1 (1) ①安全保障　②5　③10　④国際司法裁判所　⑤経済社会理事会　⑥国際原子力機関（IAEA）
(2) ①IMF　エ　②国際復興開発銀行　ウ　③ILO　オ　④IDA　ア　⑤FAO　イ
⑥国連教育科学文化機関　カ
(3) 国連貿易開発会議[UNCTAD]、国連児童基金[UNICEF]、国連大学[UNU]　など

2 (1) ①米国・メキシコ・カナダ協定　②メキシコ　③カナダ　④EU　⑤EC
⑥東南アジア諸国連合　⑦WTO　⑧OECD　⑨OPEC　⑩NATO　⑪APEC　(2) NGO
(3) 国際赤十字、国際アムネスティ（アムネスティ・インターナショナル）、国境なき医師団　など

練習問題 6 金融・経済

1 金融の仕組みと中央銀行について、次の空欄を埋めなさい。

(1) 金融の仕組み

金融とは、経済活動に必要な資金の①［　　　　］を行うこと。

資金の需要者と供給者が取引する場を②［　　　　］という。

通貨制度の変遷

③［　　　　］制度 ──→ ④［　　　　］制度

＝　　　　　　　　　＝

⑤［　　　　］紙幣　　⑥［　　　　］紙幣

世界恐慌（1929年）

⑦［　　　　］─社会に出回っているお金の総量のことで、通貨残高ともいう。毎月、日本銀行が発表している。

⑧［　　　　］とは、様々な原因により、物価が継続的に上昇する状態。

⑨［　　　　］とは、様々な原因により、物価が継続的に下降する状態。

(2) 中央銀行（日本銀行）3つの役割

①［　　　　］銀行

②［　　　　］の銀行

③［　　　　］の銀行

(3) 中央銀行（日本銀行）の金融政策

①［　　　　］操作─日本銀行手持ちの②［　　　　］を売買し、通貨量を調節。

③［　　　　］操作─③［　　　　］を上下させ、日銀の金融政策の姿勢を示す。

④［　　　　］操作─市中金融機関に預金の一定割合を準備預金として日本銀行へ預金させ、通貨量を調節。

◎

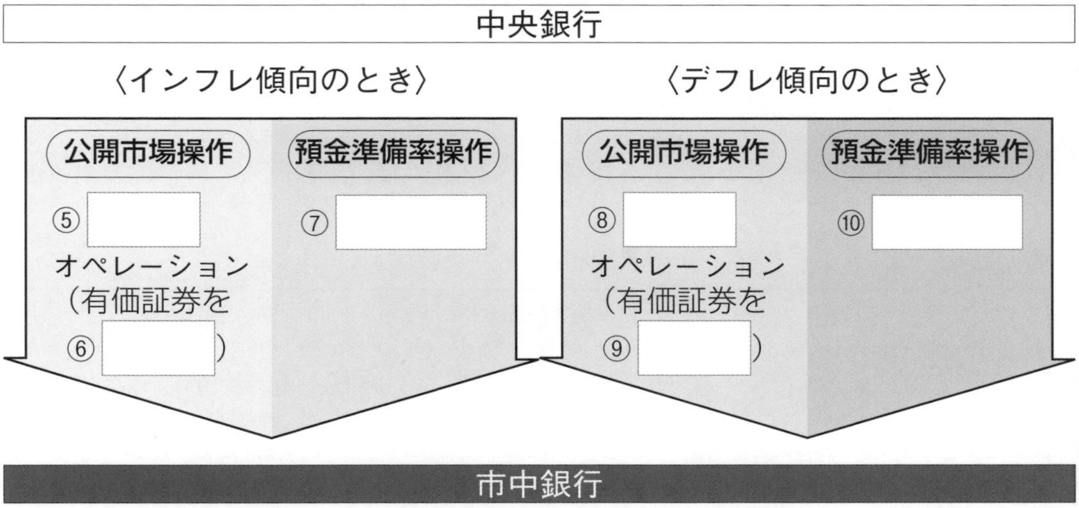

2 金融の自由化と金融関係用語について、次の空欄を埋めなさい。

(1) **金融の自由化**

□ ①［　　　］の自由化—日本では、戦後、経済復興のため、厳しく①［　　　］を規制する政策をとってきたが、経済構造の変化等により、1970年代後半から①［　　　］自由化が進められた。

□ ②［　　　］の規制緩和—金融機関の②［　　　］範囲の規制を緩和すること。

(2) **次の意味を示す金融関係の用語を書きなさい。**

◇ ①［　　　］—民間金融機関が企業に対して融資する際の、最も信用度の高い企業に対する最優遇貸出金利のこと。

◇ ②［　　　］—金融機関が破綻した場合に、預金保険機構が決済用預金（無利息、要求払いの預金）を除く預金の元本1,000万円までとその利息額を預金者に支払う。前記の範囲を超える部分は一部カットされることがある。

覚えるコツ

金融政策はただひたすら覚えるのではなく、具体例を使って覚えたほうが頭に入りやすい。
「一方が上がったら、もう一方は下がる」というように感覚で覚えていこう。
金融は、よく時事問題と絡めても出題されるので、新聞の経済欄も読んでおこう。

7 税制

ここだけ押さえる！

「国民は、法律の定めるところにより、納税の義務を負ふ。」ー憲法第30条

▶主な税

		直接税	間接税
国税		所得税　法人税 相続税など	酒税　揮発油税　たばこ税 関税　消費税など
地方税	(都)道府県税	(都)道府県民税 事業税 自動車税など	(都)道府県たばこ税 ゴルフ場利用税 軽油取引税など
	市区町村税	市町村(特別区)民税 固定資産税など	市町村(特別区)たばこ税など

税金を納めることで国政や地方自治が成り立つ。

▶税の種類

税率は様々。時代に合わせ、税制改正される。

●納付先別
- 国　税：国に納める。
- 地方税：地方公共団体に納める。

●課税方法別
- 直接税：納税者と税負担者が一致する。
- 間接税：納税者と税負担者が異なる。

●主な税
- 所得税：個人が会社から受け取る給料や商売等により得た所得に対して課される税金。
- 法人税：法人（会社など）が得た所得に対して課される税金。
- 消費税：商品やサービスを消費したときにかかる税金。
- 固定資産税：土地や家屋、工場の機械設備などにかかる税金。

▶課税の方法

累進課税―課税対象額が大きくなるほど税率が高くなるという課税方法。所得税や相続税などで用いられている。

比例課税―対象額に関係なく一律の税率をかける方法。法人税や消費税がこれにあたる。

▶国税の直接税と間接税の割合

税金の収入全体に占める直接税と間接税の割合を**直間比率**という。現在、日本は**直接税**の割合が大きいが、高齢社会では、勤労世代の負担が増大するなどの理由により、**間接税**を高くしたほうがよいとする意見がある。

✻ここに注意！
間接税は所得に関係なく税率が一定であるため、大衆課税（低所得層を含む一般大衆に租税を負担させること）の性格を持ち、低所得者ほど所得に占める割合が重くなり負担の公平さを欠きやすい。

日本の国税の直間比率、近年は、所得税などの直接税の割合が約6割、消費税などの間接税の割合が約4割となっている。

▶国民負担率

国民所得に対する国税、地方税を合わせた総額の割合を「**租税負担率**」という。これに医療保険や年金などの社会保障の負担を合わせた割合が「**国民負担率**」である。

（ 国税 ＋ 地方税 ）÷ 所得 ＝ 租税負担率

租税負担率 ＋ 社会保障負担率 ＝ 国民負担率

日本の国民負担率は、近年は、**40%台前半**となっており、アメリカより高く、ヨーロッパ諸国と比べると低い水準となっている。しかし、日本は財政赤字が大きいため、これを勘案すると、本来の国民負担率は10%近く増大するともいわれている。

アダム・スミス（イギリスの哲学・経済学者）：経済学の著『国富論』の著者。「見えざる手」のフレーズが有名。保護貿易を批判（自由貿易を支持）した。

▶アダム・スミスの４原則

アダム・スミスが唱えた、課税の４つの原則のこと。

1. **公平性の原則**—収入や負担能力に応じて課税すること。
2. **明確性の原則**—税の種類や支払方法・金額などをはっきりさせること。
3. **便宜性の原則**—納税者が納税しやすい時期や方法を考慮して徴収すること。
4. **最小徴税費の原則**—税を集めるための費用は最低・最小限度にすること。

6 金融・経済 ⬅ P30・31　解答

1 (1) ①融通　②金融市場　③金本位　④管理通貨　⑤兌換　⑥不換　⑦マネーストック　⑧インフレーション　⑨デフレーション
(2) ①発券　②政府　③銀行（②、③順不同）
(3) ①公開市場　②有価証券　③公定歩合　④預金準備率　⑤売り　⑥売る　⑦引き上げ　⑧買い　⑨買う　⑩引き下げ

2 (1) ①金利　②業務　(2) ①プライムレート　②ペイオフ

練習問題　7 税制

1 税について、次の空欄を埋めなさい。

(1) 主な税

□「国民は、法律の定めるところにより、①［　　　］の義務を負ふ。」一憲法第30条

□ 税は②［　　　］税と③［　　　］税に大きく分けられる。

□ 国税の②税には、所得税・④［　　　］税・⑤［　　　］税などがある。また③税には、消費税・酒税・⑥［　　　］税・⑦［　　　］税・⑧［　　　］税などがある。

□ 地方税は(都)道府県税と市区町村税とに分けられ、(都)道府県税の直接税には(都)道府県民税・⑨［　　　］税・自動車税などがあり、間接税には⑩［　　　］税・軽油取引税などがある。市区町村税の直接税には、市町村（特別区）民税・⑪［　　　］税などがあり、間接税には市町村（特別区）たばこ税などがある。

(2) 税の種類

□ ○納付先別
- ①［　　　］税：国に納める。
- ②［　　　］税：地方公共団体に納める。

□ ○課税方法別
- ③［　　　］税：納税者と税負担者が一致する。
- ④［　　　］税：納税者と税負担者が異なる。

□ ○主な税
- ⑤［　　　］税：個人が会社から受け取る給料や商売等により得た所得に対して課される税金。
- ⑥［　　　］税：法人（会社など）が得た所得に対して課される税金。
- ⑦［　　　］税：商品やサービスを消費したときにかかる税金。
- ⑧［　　　］税：土地や家屋、工場の機械設備などにかかる税金。

(3) 課税の方法

◇ ①＿＿＿＿税：課税対象額が大きくなるほど税率が高くなるという課税方法。②＿＿＿＿税や相続税などで用いられている。

(4) 直接税と間接税

□ 税収に占める直接税と間接税の割合を①＿＿＿＿という。

□ 現在の日本は②＿＿＿＿の割合が大きいが、高齢社会では勤労世代の負担増となるなどの理由により、③＿＿＿＿を高くしたほうがよいとする意見がある。

(5) 税について次の空欄を埋めなさい。

□ 国民所得に対する国税、地方税を合わせた総額の割合を①＿＿＿＿という。これに医療保険や年金などの②＿＿＿＿の負担を合わせた割合が③＿＿＿＿である。日本の国民負担率は、近年は、40%台前半で推移しており、④＿＿＿＿諸国に比べると⑤＿＿＿＿水準となっている。

2 アダム・スミスの4原則について、次の空欄を埋めなさい。

アダム・スミスの4原則

□ ①＿＿＿＿性の原則―収入や負担能力に応じて課税すること。

□ ②＿＿＿＿性の原則―税の種類や支払方法・金額などをはっきりさせること。

□ ③＿＿＿＿性の原則―納税者が納税しやすい時期や方法を考慮して徴収すること。

□ ④＿＿＿＿の原則―税を集めるための費用は最低・最小限度にすること。

覚えるコツ

税に関する問題は、直接税では所得税、間接税では消費税を中心に出題される傾向があるが、他の税も確実に区別できるようにしよう。税制は、財政と関連して話題になるので、新聞等で確認しておこう。

8 世界経済と貿易

ここだけ押さえる！

► 世界経済と貿易

国際収支―一定期間におけるある国のあらゆる対外経済取引の統計。

国際収支
- 経常収支：貿易・サービス収支＋第一次・第二次所得収支
- 資本移転等収支
- 金融収支

（貿易・サービス収支：商品やサービスの輸出額－輸入額）

外国為替市場―通貨の異なる国の金融機関等が、現金を介入させずに、帳簿上で資金の取引をすること。取引所等があるわけではない。

・為替レート―1国通貨と外国通貨との交換比率。

固定相場制 → （1973年） → **変動相場制**

（変動相場制：為替相場（レート）が、外国為替市場の需要と供給により決定される制度。日本は、1949年から1973年に変動相場制に移行するまで、1＄＝360円の固定相場制だった。）

► 世界経済の現状

南北問題―先進諸国（北）と発展途上国（南）との経済格差のこと。1960年代に国際問題となった。

南南問題―発展途上国間での経済格差のこと。1980年代以降、石油産出国等と最貧国の間で顕著になった。

モノカルチャー経済―特定の一次産品に依存した経済。発展途上国に多い。

貿易摩擦―個別の商品の輸出入を巡る国家間の対立のこと。

経済摩擦―個別の商品の輸出入だけでなく、貿易全体の不均衡が拡大し、貿易相手国の不況や失業問題に発展して発生する対立のこと。1980年代に日米間で激化した。

► **国際収支**―経常収支、資本移転等収支と金融収支

経常収支（右の総計）
- （貿易・サービス収支）
  ……貿易（商品）収支＋サービス（輸送・旅行・保険など）収支
- （第一次所得収支）………利子・配当金の収益など
- （第二次所得収支）………政府援助など

（経常収支は、一定期間の国際収支のうち、モノやサービスの取引による収支などを示す統計。）

資本移転等収支 ………固定資産や特許権などの売買

金融収支（右の総計）
- 直接投資や証券投資、その他投資など
- 外資準備

▶貿易政策

自由貿易論 —比較生産費説(1817年)—リカード(英):各国が他国に比べて比較優位にある商品に生産を特化し、それを各国で交換すれば劣位にある商品を自国で生産するよりも双方にとって利益になるという説。

保護貿易論 —経済発展段階説(1841年)—リスト(独):どの国の経済も、同様な歴史的発展を遂げ、それぞれの段階においてとるべき経済貿易政策は異なるので、幼稚産業を育成する段階にある国では、保護貿易が必要であるという説。

G7は1998年からロシアが正式メンバーとして加わり、Ｇ８となった。2014年以降は、クリミア半島併合により、ロシアの参加は停止。

▶Ｇ７とサミット

略称	参加者	主な内容
Ｇ７ (主要7か国首脳会議)	アメリカ・日本・ドイツ・イギリス・フランス・イタリア・カナダの首脳と、EU委員長。	オイル・ショック後の世界経済を立て直すため、1975年に初開催。2023年は日本が議長国となり、広島市で開催された。
Ｇ20 (金融・世界経済に関する首脳会合)	G7 ＋ BRICS ＋韓国・インドネシア・サウジアラビア・トルコ・メキシコ・アルゼンチン・オーストラリアの首脳と、EU委員長。	リーマン・ショックを契機に発生した世界金融危機の打開策を協議するため2008年に初開催。近年は政治問題も協議。

▶経済格差

・ＮＩＥＳ《ニーズ》(新興工業経済地域)—発展途上国の中で、1970年代の石油危機以降、急速な経済発展を遂げた国・地域。シンガポール、香港、台湾、韓国など。

・ＢＲＩＣＳ—近年、急速に経済発展したブラジル(Brazil)、ロシア連邦(Russia)、インド(India)、中国(China)、南アフリカ共和国(South Africa)の5か国の略称。

・ＬＬＤＣ(後発発展途上国)—発展途上国の中でも、特に経済的発展が遅れている国。最貧国ともいわれている。

7 税制 ← P34・35 解答

❶ (1) ①納税 ②直接 ③間接 ④法人 ⑤相続(④、⑤順不同) ⑥揮発油 ⑦たばこ ⑧関(⑥〜⑧順不同) ⑨事業 ⑩ゴルフ場利用((都)道府県たばこ) ⑪固定資産

(2) ①国 ②地方 ③直接 ④間接 ⑤所得 ⑥法人 ⑦消費 ⑧固定資産

(3) ①累進課 ②所得

(4) ①直間比率 ②直接税 ③間接税　(5) ①租税負担率 ②社会保障 ③国民負担率 ④ヨーロッパ ⑤低い

❷ ①公平 ②明確 ③便宜 ④最小徴税費

練習問題 8 世界経済と貿易

1 世界経済と貿易について、次の問いに答えなさい。

(1) 国際収支について、次の空欄を埋めなさい。

◎ 国際収支
- ①［　　　］収支＝②［　　　］・サービス収支＋第一次・第二次所得収支
- 資本移転等収支（固定資産や特許権などの売買）
- ③［　　　］収支＝直接④［　　　］＋証券④＋その他④＋外貨準備など

②・サービス収支	②収支	商品の⑤［　　　］額－⑥［　　　］額
	サービス収支	輸送・旅行・⑦［　　　］などサービスの⑤額－⑥額
資本移転等収支	固定資産や特許権などの売買	
③収支	直接④や証券④、その他④など	
	外貨準備	

(2) 外国為替市場について、次の空欄を埋めなさい。

◇ 1国通貨と外国通貨との交換比率のことを①［　　　］という。

◇ 日本は1973年に②［　　　］相場制から③［　　　］相場制に変わった。

(3) 世界経済の問題について、次の意味を表す適切な用語を書きなさい。

□ 発展途上国の特定の一次産品に依存する経済のこと。　①［　　　］

□ 先進諸国と発展途上国との経済格差のこと。　②［　　　］

□ 発展途上国間での経済格差のこと。　③［　　　］

◎ 個別の商品の輸出入を巡る国家間の対立を④［　　　］摩擦という。

◎ 個別の商品の輸出入だけでなく、貿易全体の不均衡が拡大し、貿易相手国の不況や失業問題に発展して発生する対立を⑤［　　　］摩擦という。

(4) 貿易政策について、代表的な貿易論を2つ書き、さらにその貿易論に基づく説をそれぞれ書きなさい。

□ ①　　　　貿易論—②　　　　説（リカード）

□ ③　　　　貿易論—④　　　　説（リスト）

2 世界経済の現状について、次の問いに答えなさい。

(1) サミットについて、次の空欄を埋めなさい。

□ G 7サミットとは①　　　　のことで、アメリカ・日本・ドイツ・イギリス・フランス・イタリア・②　　　　の首脳とEU委員長が参加し、毎年開催されている。

□ G20サミットとは③　　　　に関する首脳会合のことで、④　　　　をきっかけに2008年に初めて開催された。

(2) 経済格差について、次の説明の内容を表す適当な用語を答えなさい。

□ 発展途上国の中で、石油危機以降、急速な経済発展を遂げた国・地域。

略称 ①　　　　　名称 ②　　　　

□ その代表的な国・地域を 4 つ答えなさい。

③　　　　

□ 近年、急速に経済発展したブラジル、ロシア連邦、中国、インド、南アフリカ共和国の5か国の略称。 ④　　　　

□ 発展途上国の中でも、特に経済的発展が遅れている最貧国。

略称 ⑤　　　　　名称 ⑥　　　　

もう一押し

円高・円安と輸出入の関係

ドルやユーロといった外国通貨に対し、円の価値が相対的に下がることを円安といい、その反対を円高という。例えば1ドル100円から110円に相場が動いた場合、ドルに対して円安となり、逆に1ドル100円から90円に相場が動いた場合は、円高となる。円高は、外貨で代金を受け取る輸出業にとっては、収入の減少につながるが、輸入業にとっては商品の購入価格が下がり、収入の増加につながる。円安は、逆に輸出業が潤い、輸入業者が打撃を受けるということになる。

9 社会・生活

ここだけ押さえる！

▶日本の少子高齢社会

2025年には、高齢者（65歳以上）の人口が30.0%、2050年には37.7%と、国民の３人に１人以上が65歳以上になる、と試算されている。

▶雇用問題

1．フリーターなどの若者の就職支援。

2．学校にも行かず、働かない若者（ニート）の自立支援。

3．非正規雇用労働者の待遇改善。

2008年４月、改正「パート労働法」が施行され、正社員と同視すべきパート労働者の待遇差別が禁止された。

▶公的年金は３つの場合に年金が支給される

1．老齢になったとき……老齢（退職）年金

2．病気やけがで障害を有することになった場合……障害年金

3．世帯主である年金受給者または被保険者（加入者）が死亡した場合……遺族年金

▶日本の社会保障制度　以下の５つに分類される

社会保険	医療保険、年金保険、労働者災害補償保険、雇用保険など
公的扶助	生活保護
社会福祉	身体障害者、知的障害者、児童、老人に対する福祉など
公衆衛生及び医療	結核、精神、麻薬、感染症対策、上下水道、廃棄物処理など
老人保健	老人医療など

▶少子化

合計特殊出生率が2.08を下回った状態を少子化という。

合計特殊出生率：１人の女性が生涯に産む子供の数の目安。

団塊の世代（戦後最高）→	1947年	4.54	1989年	1.57	←1.57ショック
団塊ジュニア→	1973年	2.14	2003年	1.29	←1.29ショック
	1980年	1.75	2005年	1.26	←過去最低

●人口減少時代の到来

出生数から死亡数を引いた自然増加数が2005年に初めてマイナスになった。

●少子高齢化の問題点と対策

①社会保障費（特に国民医療費）の給付と負担の増加→対策：2004年年金制度改革、2005年介護保険制度改革、2006年医療制度改革関連法の成立

②労働人口の減少による経済成長の鈍化→対策：女性の雇用拡大と高齢者の再雇用（改正高年齢者雇用安定法により、事業者に65歳までの雇用確保を義務づけ）

▶社会保障制度

●**社会保障の根拠となる**日本国憲法第25条

一、すべて国民は、健康で文化的な最低限度の生活を営む権利を有する。

二、国は、すべての生活部面について、社会福祉、社会保障及び公衆衛生の向上及び増進に努めなければならない。

●医療制度改革関連法―①高齢者の自己負担割合を⑴70～74歳は2008年度から従来の1割から2割に引き上げ。⑵70歳以上のうち高所得者は2006年から従来の2割から3割に引き上げ。②75歳以上を対象とする後期高齢者医療制度を新設。自己負担割合は原則1割（現役並み所得者は3割で、2022年10月から一定所得者は2割に引き上げ）。③予防医療（生活習慣病の予防など）の重視。

▶教育改革

●教育基本法改正―2006年12月、制定以来、約60年ぶりに改正された。1947年、日本国憲法の精神に基づき制定された「個人の尊厳」を基本とする改正前法から、「わが国と郷土を愛する態度」や「公共の精神」などの徳目を「教育目標」に掲げるなど大きく変更された。

●学習指導要領―文部科学省が告示する小・中・高校の教育課程。教科書検定の基準となり、ほぼ10年ごとに大改訂される。2017年公示の改訂では、小学校では「外国語活動（英語）」の授業開始時期が従来の小5から小3に前倒しされ、小5からは正式な教科「外国語科」に格上げされた。また、コンピュータに意図した処理を行わせるための論理的な思考力「プログラミング的思考」などを育むため、プログラミング教育が必修化された。高校では世界史と日本史を統合した「歴史総合」や「公共」という新たな必修科目が設けられ、「現代社会」は廃止された。2020年以降、小学校から順次実施済み。

8 世界経済と貿易 ← P38・39 解答

❶ ⑴ ①経常 ②貿易 ③金融 ④投資 ⑤輸出 ⑥輸入 ⑦保険 ⑵ ①為替レート ②固定 ③変動 ⑶ ①モノカルチャー経済 ②南北問題 ③南南問題 ④貿易 ⑤経済 ⑷ ①自由 ②比較生産費 ③保護 ④経済発展段階

❷ ⑴ ①主要7か国首脳会議 ②カナダ ③金融・世界経済 ④リーマン・ショック ⑵ ① NIES ②新興工業経済地域 ③シンガポール・香港・台湾・韓国 ④ BRICS ⑤ LLDC ⑥後発発展途上国

練習問題　9　社会・生活

❶ 日本の少子高齢化、雇用問題について、次の空欄を埋めなさい。

□ 2025年から2050年にかけ、65歳以上の人口が①＿＿＿＿人に１人以上になる。

□ 雇用問題への対策として、②＿＿＿＿などの若者の就職支援や、学校にも行かず、働かない若者(③＿＿＿＿)の自立支援、④＿＿＿＿の待遇改善などがあげられる。

□ 出生数から死亡数を引いた自然増加数が⑤＿＿＿＿年に初めてマイナスになった。

□ ⑥＿＿＿＿が2.08を下回った状態を少子化という。

□ 少子高齢化の問題点のひとつとして、労働人口の減少による⑦＿＿＿＿の鈍化があげられるが、その対策として、⑧＿＿＿＿の雇用拡大や、⑨＿＿＿＿の再雇用が考えられる。

❷ 社会保障制度について、次の空欄を埋めなさい。

◉ 日本国憲法第25条「一、すべて国民は、①＿＿＿＿で文化的な最低限度の生活を営む権利を有する。」

□ 社会保障制度は、主に、社会保険、②＿＿＿＿、公的扶助、公衆衛生及び医療、老人保健の５つに分類される。

□ 2006年に③＿＿＿＿関連法が制定された。

❸ 高齢者医療について、次の空欄を埋めなさい。

□ 高齢者医療の窓口負担を、70～74歳は2008年度より従来の１割から①＿＿＿＿にする（2014年４月以降に70歳になる者から）。

□ 所得が高い70歳以上の窓口負担を、2006年10月より２割から②＿＿＿＿に引き上げる。

- 75歳以上を対象に③（　　　　）医療制度の新設。
- 予防医療（④（　　　　）の予防など）の重視。

4 教育改革について、次の空欄を埋めなさい。

- 2006年12月、日本国憲法の精神に基づき教育のあり方を示した①（　　　　）法が、制定以来、約60年ぶりに改正された。
- ②（　　　　）は、文部科学省が告示する、小、中、高校の教育課程で、教科書検定の基準となり、ほぼ10年ごとに大改訂される。
- 2017年公示の改訂により、小学校では「外国語活動（英語）」が小５から「③（　　　　）」に格上げされた。コンピュータに意図した処理を行わせるための論理的な思考力を育む④（　　　　）が必修化された。高校では世界史と日本史を統合した「⑤（　　　　）」や「⑥（　　　　）」という新たな必修科目が設けられた。

5 公的年金について、次の空欄を埋めなさい。

- 老齢になったとき……①（　　　　）年金
- 病気やけがで障害を有することになった場合……②（　　　　）年金
- 世帯主である年金受給者または被保険者（加入者）が死亡した場合……③（　　　　）年金
- ④（　　　　）化等による問題から、保険料負担と年金給付のバランスを図るため、2004年に年金制度改革が行われた。

覚えるコツ　思い出すきっかけをつくる

社会保障制度は「社会福祉」「社会保険」「公的扶助《ふじょ》」「公衆衛生及び医療」「老人保健」の５つに分類されるが、頭の文字を見ると“２社会２公１老人”である。共通する言葉をまとめたり、語呂のよい言葉を作ることで、全体の大まかな枠を先に作っておく。そうして、語呂として思い出した基本の枠に、細かな部分をつけ足していくようにすると、記憶を呼び起こしやすい。

10 環境・自然保護

ここだけ押さえる！

►環境問題

地球温暖化	地球上の大気や海洋の温度が上昇する現象
原因	二酸化炭素などの温室効果ガスの増加
影響	海水面の上昇や地表の乾燥化
オゾン層破壊	オゾン層が破壊され、地表に届く紫外線量が増える
原因	大気中に放出されるフロンガスがオゾンを分解
影響	皮膚がんや白内障の増加、南極のオゾンホール
酸性雨	pH5.6以下の酸性度の強い雨や雪が降る
原因	化石燃料の燃焼による排気ガスが硫黄酸化物や窒素酸化物に変化
影響	樹木の枯死、湖沼の酸性化

►四大公害病

公害名	発生地域	原因
水俣病	熊本県水俣湾周辺	メチル水銀
新潟水俣病（第二水俣病）	新潟県阿賀野川流域	メチル水銀
イタイイタイ病	富山県神通川流域	カドミウム
四日市ぜんそく	三重県四日市市磯津地区	硫黄酸化物

►地球温暖化に対する国際的取り組み

●京都議定書―1997年、京都で開催された気候変動枠組条約第3回締約国会議（COP3）で採択された議定書。

●パリ協定―2020年以降の新たな地球温暖化対策の枠組みを取り決めた協定。2015年にCOP21で採択され、2016年11月に発効した。世界2位の温室効果ガス排出国であるアメリカは2020年11月に離脱したが、バイデン大統領の就任に伴い、21年に正式復帰した。

	京都議定書	パリ協定
目的	大気中の温室効果ガスの濃度の安定化	産業革命前からの気温上昇を2℃未満に抑え、1.5℃未満にするよう努力
対象国	先進38か国・地域	197か国・地域（途上国含む）
長期目標	なし	今世紀後半に温室効果ガスの排出量を実質ゼロにする
目標・達成義務	先進国全体で5.2％以上。目標未達なら罰則	なし

▶地球温暖化に対する日本の取り組み

●**改正地球温暖化対策推進法**─パリ協定に定める目標及び2050年カーボンニュートラル宣言を基本理念として位置づけた法律。2022年 4 月施行。

●**第6次エネルギー基本計画**─**再生可能エネルギー**を「主力電源」と位置づけ、総発電量に占める割合を36 ～ 38%へと引き上げ。原子力発電は20 ～ 22%。

▶全国の公害問題

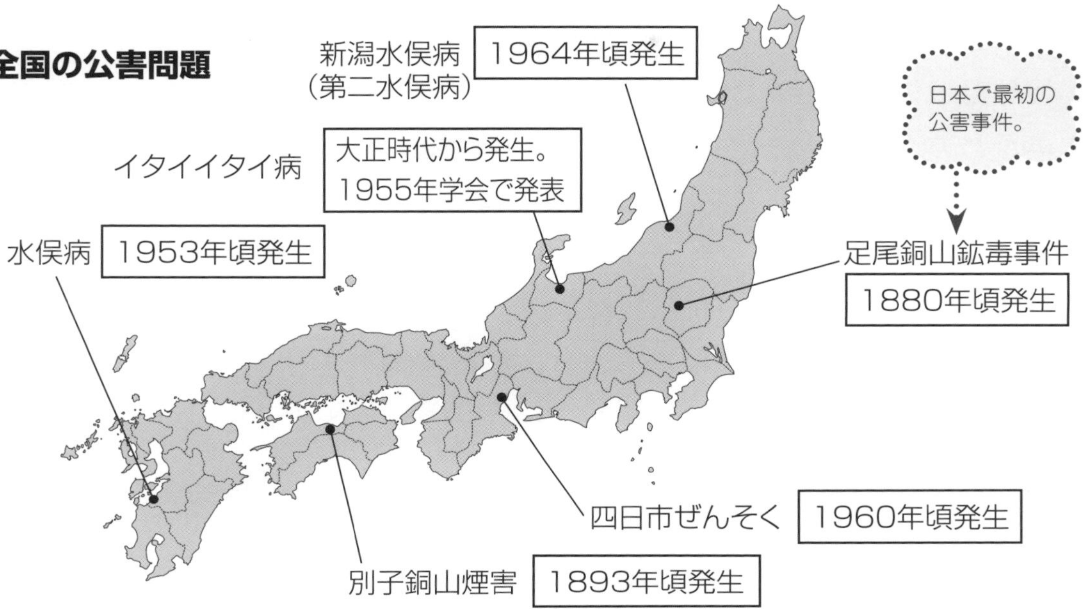

▶環境・自然保護に関する国際条約

●**生物多様性条約**─1992年、地球サミット(国連環境開発会議)で採択され、翌年に発効。2010年の締約国会議では**名古屋議定書**が採択された。

目的 1．**生物多様性**の保全と**持続可能**な利用

2．遺伝資源による利益の**公平**で**公正**な分配

生物多様性とは
1. **遺伝的変異**の多様性
2. **種**の多様性
3. **生態系**の多様性

●**ワシントン条約**─正式名称は、「絶滅のおそれのある野生動植物の種の国際取引に関する条約」。国際取引を制限する必要のある野生生物のリストが掲載されている。

●**ラムサール条約**─正式名称は、「特に水鳥の生息地として国際的に重要な湿地に関する条約」。多様な生物の生息地として重要である湿地の開発による破壊をくい止めるための国際的な取り組みとして、イランのラムサール会議で採択された。

9 社会・生活 ⇐ P42・43　解答

❶ ①3　②フリーター　③ニート　④非正規雇用労働者　⑤2005　⑥合計特殊出生率　⑦経済成長　⑧女性　⑨高齢者　❷ ①健康　②社会福祉　③医療制度改革　❸ ①２割　②３割　③後期高齢者　④生活習慣病　❹ ①教育基本　②学習指導要領　③外国語科　④プログラミング教育　⑤歴史総合　⑥公共　❺ ①老齢(退職)　②障害　③遺族　④少子高齢

練習問題 10 環境・自然保護

1 環境問題について、次の空欄を埋めなさい。

□ オゾン層の破壊は大気中に放出されたフロンガスが原因で起こるもので、南極のオゾンホールが代表例である。これにより地表に届く紫外線量が増え、皮膚がんや①［　　　　］の発生が増える。

□ 地球温暖化とは地球上の大気や海洋の温度が上昇する現象であり、二酸化炭素などの②［　　　　］の増加による影響が大きい。

□ 酸性雨とはpH5.6以下の雨や雪が降る現象である。化石燃料の燃焼などにより発生する排気ガスが③［　　　　］や窒素酸化物に変化することによる。酸性度の強い雨は樹木を枯らしたり、湖沼の酸性化を招き、魚類を死滅させる。

2 地球温暖化に対する取り組みについて、次の空欄を埋めなさい。

□ 1997年12月に京都で開かれた①［　　　　］第3回締約国会議（COP3）で、②［　　　　］が採択された。

□ 2015年のCOP21で、2020年以降の新たな地球温暖化対策の枠組みを取り決めた③［　　　　］が採択され、2016年11月に発効した。

□ ③では、先進国だけでなく④［　　　　］も含めて197か国・地域すべてが温室効果ガス削減に取り組むこととされている。

□ 世界⑤［　　　　］位の温室効果ガス排出国である⑥［　　　　］は③から一時離脱したが、新大統領の就任に伴い2021年に正式復帰した。

□ 日本で2022年4月施行の改正⑦［　　　　］は、パリ協定に定める目標と2050年⑧［　　　　］宣言を基本理念として位置づけている。

□ 第6次エネルギー基本計画は、太陽光や風力などの⑨［　　　　］を「主力電源」と位置づけ、総発電量に占める割合を36～38％へと引き上げた。

3 環境・自然保護に関する条約について、次の空欄を埋めなさい。

□ 生物多様性条約の目的は、1．生物多様性の保全と①［　　　　］な利用、2．遺伝資源による利益の公平で公正な分配。

□ ②［　　　　］条約の正式名称は、「絶滅のおそれのある野生動植物の種の国際取引に関する条約」。

□ ③［　　　　］条約の正式名称は、「特に水鳥の生息地として国際的に重要な湿地に関する条約」。イランの③会議で採択された。

4 公害問題について、次の空欄を埋めなさい。

◇ 日本で最初の公害事件は栃木県で起きた①［　　　　］である。

◇ 大正時代から富山県の神通川流域で発生していた②［　　　　］病が1955年、学会で発表された。原因は河川が亜鉛製錬の排水に含まれていたカドミウムに汚染されたためである。

□ 1953年頃、③［　　　　］県で水俣病が発生した。これは工場排水に含まれていたメチル水銀が海に廃棄され、食物連鎖で濃縮された魚を食べたことによる。

◇ 1960年頃から三重県四日市市で発生した四日市④［　　　　］は、工場の煤煙（硫黄酸化物）が原因である。

□ 1964年頃に⑤［　　　　］県阿賀野川流域で⑤水俣病（第二水俣病）が確認された。これは水俣病と同じくメチル水銀による中毒が原因。

もう一押し

東日本大震災

2011年3月11日14時46分頃。三陸沖を震源とするマグニチュード9.0の海溝型地震が発生し、宮城県栗原市では震度7を記録した。この地震に伴って大津波が起こり、岩手県宮古市では8.5mを超えた。地震や津波によって、岩手県・宮城県・福島県を中心に1万9000人を超す死者・行方不明者が出た。津波は東京電力福島第一原子力発電所を破壊し、大量の放射性物質がもれ出し、周辺一帯の住民が長期の避難を強いられる事故となった。2012年2月、東日本大震災からの復興を目的として復興庁が設置された。2021年3月31日までに廃止されることとされていたが、2031年3月31日までの延長が決定した。

11 科学技術・情報通信技術（ICT）

ここだけ押さえる！

▶宇宙開発

国際宇宙ステーション（ＩＳＳ）—地上から約400km上空に建設された巨大な有人実験施設。日本、アメリカ、EU諸国など世界15か国が参加。

アルテミス計画—ＮＡＳＡ（米航空宇宙局）主導の国際有人月探査計画。月を回る軌道に宇宙ステーション「ゲートウェイ」を建設して探査する。日本は無人補給船や月面車などの開発を担う。

▶情報通信技術（ICT）

Society5.0（超スマート社会）—仮想空間と現実空間を高度に融合させたシステムにより、経済発展と社会的課題の解決を両立する人間中心の社会。狩猟社会、農耕社会、工業社会、情報社会に続く人類史上5番目の新たな社会とされる。

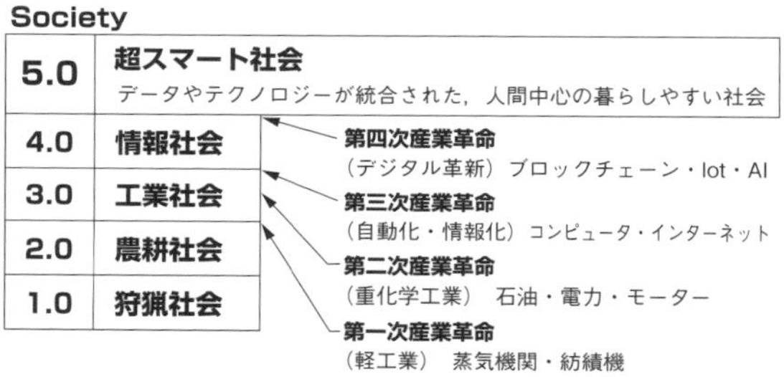

生成ＡＩ—文章や画像、動画などさまざまなコンテンツを生成できるAI（人工知能）。ChatGPTが代表例。

▶宇宙開発

●クルードラゴン—アメリカの民間企業「スペースＸ」が開発した有人宇宙船。2020年、民間宇宙船として初めて国際宇宙ステーション（ISS）とのドッキングに成功した。

●はやぶさ2—ＪＡＸＡ（宇宙航空研究開発機構）開発の小惑星探査機。2020年、小惑星「リュウグウ」から地球にサンプル（石や砂）を持ち帰った。

●イプシロンロケット—JAXAとIHIエアロスペースが開発した小型人工衛星打ち上げ用固体燃料ロケット。2013年に初めて打ち上げられた。

▶科学技術

●ナノテクノロジー—「ナノ」は十億分の一の意味で、ナノメートルという非常に微細なスケールで、原子や分子の配列を自在に制御する技術。

●スーパーコンピュータ（スパコン）—大規模な科学技術計算を行うための超高速処理が可能なコンピュータ。「京」の後継機として「富岳」が本格稼働している。

●量子コンピュータ―量子力学を応用した次世代のコンピュータ。0もしくは１のどちらかの値で計算する従来のコンピュータとは異なり、0でもあり１でもあるという重ね合わせの状態を利用して計算するため、膨大な時間がかかる計算でも短時間での処理が可能とされる。

●ニュートリノ―物質の最小単位である素粒子の1つ。小柴昌俊氏が岐阜県に建設したカミオカンデの後継施設スーパーカミオカンデを用いて、梶田隆章氏らが質量があることをつきとめた。この功績から、小柴氏は2002年、梶田氏は15年にノーベル物理学賞を受賞した。

►ライフサイエンス

●ｉＰＳ細胞（人工多能性幹細胞）―さまざまな細胞に分化することができる万能細胞の一種。ヒトの皮膚細胞などの体細胞に遺伝子操作を加えて作製され、再生医療への応用が期待されている。京都大学の山中伸弥教授が世界で初めて作製に成功し、2012年にノーベル生理学・医学賞を受賞した。

●ＥＳ細胞（胚性幹細胞）―万能細胞の一種。動物の発生初期の受精卵（胚）から細胞を取り出し、培養することによって作製する。受精卵を破壊して作るため倫理的な問題があり、移植した場合に拒絶反応が起こる可能性も。

►情報通信技術（ICT）

●ユビキタス―インターネットなどの情報通信ネットワークに、いつでも、どこからでもアクセスできる環境のこと。

●ＩｏＴ―あらゆるモノがインターネットに接続され、遠隔操作や管理、情報収集が行われるしくみ。「モノのインターネット」と訳される。

●クラウドコンピューティング―インターネットのネットワーク上に存在するサーバーを利用して作業を行うシステム。

●ビッグデーター―ネットワーク上で生成・流通・蓄積されている、膨大なデジタルデータのこと。

●５Ｇ－2020年に商用サービスが開始された移動通信システムのこと。

●デジタルトランスフォーメーション（DX）―デジタル技術が社会のあらゆる領域に浸透することによってもたらされる変革のこと。

●デジタル・デバイド―パソコンやインターネットなどの情報通信技術を使える人と使えない人との間に生じる格差のこと。先進国と発展途上国の格差のほか、年齢や所得、地域など国内での格差も生まれている。

●メディア（情報）リテラシー―マスメディアやインターネットから受け取った情報を主体的に取捨選択して読み取り、活用する能力のこと。

練習問題　11 科学技術・情報通信技術(ICT)

1 宇宙開発について、次の空欄を埋めなさい。

□ 地上から約400km上空に建設された巨大な有人実験施設である国際宇宙ステーションの略称を①［　　　　］という。

□ ②［　　　　］計画とは、③［　　　　］（米航空宇宙局）主導の国際有人月探査計画で、月を回る軌道に「ゲートウェイ」を建設する予定である。

□ アメリカの「スペースX」開発の有人宇宙船「④［　　　　］」は、2020年、民間宇宙船として初めて国際宇宙ステーションとのドッキングに成功した。

□「はやぶさ２」は⑤［　　　　］（宇宙航空研究開発機構）が開発した小惑星探査機で、小惑星「⑥［　　　　］」から地球にサンプル（石や砂）を持ち帰った。サンプルからはアミノ酸などが発見された。

2 科学技術について、次の空欄を埋めなさい。

□ ①［　　　　］とは、ナノメートルという非常に微細なスケールで、原子や分子の配列を自在に制御する技術のことである。

□ スーパーコンピュータ②「［　　　　］」は、「京」の後継機として理化学研究所などによって開発されたもので、2021年に本格稼働した。

□ 物質の最小単位である素粒子の1つである③［　　　　］は、従来、質量を持たないとされていたが、梶田隆章氏らが質量があることをつきとめた。

3 ライフサイエンスについて、次の空欄を埋めなさい。

□ 万能細胞の一種である①［　　　　］は人工多能性幹細胞とよばれ、受精卵を用いる②［　　　　］（胚性幹細胞）のような倫理的な問題がない。また、自分の体細胞から作製した細胞を移植するため、拒絶反応が起こらないとされる。

❹ 情報通信技術（ICT）について、次の空欄を埋めなさい。

□ ①Society5.0とも呼ばれる①［　　　　］は人間中心の社会で、狩猟社会、農耕社会、工業社会、②［　　　　］に続く人類史上5番目の新たな社会とされる。

□ ChatGPTは、文章や画像、動画などさまざまなコンテンツを生み出すことができる③［　　　　］の代表例である

□ ④［　　　　］は「モノのインターネット」と訳され、あらゆるモノがインターネットに接続され、遠隔操作や管理、情報収集が行われるしくみのことである。

□ インターネットのネットワーク上に存在するサーバーを利用して作業を行うシステムを⑤［　　　　］という。

□ ⑥［　　　　］とは、ネットワーク上で生成・流通・蓄積されている膨大なデジタルデータのことで、ライフログ（購入履歴、位置情報）なども含まれる。

□ ⑦［　　　　］は、新たな移動通信システムのことで、2020年に商用サービスが開始された。

□ ⑧［　　　　］はデジタルトランスフォーメーション（Digital Transformation）の略である。

□ マスメディアやインターネットから受け取った情報を主体的に取捨選択して読み取り、活用する能力のことを⑨［　　　　］といい、近年、その能力の重要性が高まっている。

覚えるコツ　単語の意味を調べる

CD-R、CD-RWの「R」「RW」はそれぞれ Recordable（記録できる）、ReWritable（書き直し可）の略である。また、AIは、Artificial（人工）Intelligence（知能）の略。漠然と単語だけを見るのではなく、略語が何を意味しているかを知ることで印象が強くなり記憶に残りやすくなる。

ＳＰＩについて

就職活動をする際、どうしても避けて通れない関門が３つあります。その３つとは「書類選考」「筆記試験」「面接」です。

そのうちの筆記試験には、一般常識、時事、英語、ＳＰＩ適性検査、論作文などがあります。

● SPI とは

ＳＰＩは「synthetic personality inventory」の略で、1974年に現・リクルートの日本リクルートセンターが開発した総合適性検査です。企業の人事選考などにおいて、能力面と性格面の２つの側面から総合的に人材の資質を測定・評価するために開発されました。就職活動で出合う確率の高いＳＰＩについて、以下の基本的なことをしっかり覚えておきましょう。

●「SPI 」には、以下の３分野があります。

①言語能力分野：国語的な能力を測定する。

業務を円滑に支障なく行うために必要な一定レベルの言語能力があるかどうかを測定するための試験。

②非言語能力分野：数学的な能力を測定する。

日常業務での数的処理能力、論理的判断、思考・知覚の速さ・正確さなど言語能力以外の業務処理能力を測定するための試験。

③性格適性検査

受験者の性格特性を、行動的側面、意欲的側面、情緒的側面などに分けて測定する。

★ＳＰＩ攻略のポイント★

① 言語能力分野のポイント

・語彙力を集中的につける。
・文法・文学史・敬語は確実に覚える。
・直前対策だけでは、できることに限りがある。苦手な分野には普段から取り組み、準備しておく。

② 非言語能力分野のポイント

・計算分野：中学入試レベルの算数から中学３年の範囲までを広く解く。
・図形分野・関数：高校入試レベルの問題が解けるようにしておく。
・思考・論理的分野：高校レベルの問題が解けるようにしておく。
・判断分野：見慣れない形式の問題は繰り返しで慣れるようにする。

Part 2

自然科学

・平方根、方程式、不等式など基本的な計算に使う主な式の種類、平面の図形と立体の図形、文章題、関数の式とグラフ、確率など

・電気、力、エネルギー、物質と化学変化、生物の種類など

12 式の基本公式

ここだけ押さえる！

▶ 分配法則

（　）の前の文字や数字を（　）の中の項すべてにかける

$$a(b+c)=ab+ac$$

▶ 式の計算

累乗《るいじょう》*はこのルールさえ覚えればすべて解ける

かけ算でも割り算でも文字（数字）の指数*を考えるだけ。

$x^m \times x^n = x^{m+n}$　　$x^m \div x^n = x^{m-n}$　　$(x^m)^n = x^{mn}$

▶ その他の基本公式

● **平方根**　2乗すると a になる数を a の平方根という

・$a>0$、$b>0$ のとき $\sqrt{a}\times\sqrt{b}=\sqrt{ab}$、$\sqrt{a^2b}=a\sqrt{b}$

・$m\sqrt{a}+n\sqrt{a}=(m+n)\sqrt{a}$

● **展開公式**　公式にのっとって数を当てはめる

・$(x+a)(x+b)=x^2+(a+b)x+ab$

↑ $(a+b)$：a と b の和　↑ ab：a と b の積

x の係数*は2数の和
数字の項は2数の積。

・$(x+a)^2=x^2+2ax+a^2$　　・$(x-a)^2=x^2-2ax+a^2$

・$(x+a)(x-a)=x^2-a^2$

▶ 例題―式の計算

(1) 分配法則の計算１

$5(x-y)-2(x-4y)$

$=5x-5y-2x+8y$

$=3x+3y$

係数を（　）の中のすべての項にかける。マイナス(－)をかけた場合は符号が反対になることに注意！

答　$3x+3y$

(2) 分配法則の計算 2（分配法則を利用した通分*の問題）

$$\frac{a+3b}{2}-\frac{a-b}{3}=\frac{3(a+3b)}{2\times3}-\frac{2(a-b)}{3\times2}$$

$$=\frac{3a+9b-2a+2b}{6}=\frac{a+11b}{6}$$

答　$\frac{a+11b}{6}$

分母の最小公倍数は6。分母をそれぞれ、3倍、2倍して通分するから分子もそれぞれ、3倍、2倍する。

(3) 累乗がたくさんある式の計算

$$(-3a^2)^3\times\frac{a^5}{9}=(-3)^3\times a^{2\times3}\times\frac{a^5}{9}$$

$$=-\frac{{}^{3}\cancel{27}a^6\times a^5}{{}^{1}\cancel{9}}=-3a^{11}$$

答　$-3a^{11}$

ここに注意！

・まず、累乗の計算をする。
・整数も分母が1の分数と考える。
⬇
分母か分子かはっきりわかるからすべて分数の形にすると計算が楽である。

(4) 平方根の計算

$$\sqrt{2}\times\sqrt{3}-3\sqrt{6}$$

$$=\sqrt{6}-3\sqrt{6}=-2\sqrt{6}$$

答　$-2\sqrt{6}$

平方根の足し算、引き算は、文字式の計算と同じように、$\sqrt{\ }$内が同じ数をまとめればよい。

(5) 式の計算――式を展開すると

$$(x-6)(x+5)=x^2-6x+5x-30$$

$$=x^2-x-30$$

答　x^2-x-30

展開公式から、2数の和、積を考える。

(6) 複雑な式の計算――応用

$$5a^2-2\underline{(a+3)(a-2)}$$

$$=5a^2-2(a^2+a-6)$$　←展開

$$=5a^2-2a^2-2a+12$$

$$=3a^2-2a+12$$

答　$3a^2-2a+12$

ここに注意！

・分配法則よりも式の展開が先。
・展開するときは必ず（　）をつける。
⬇
マイナス（－）のミスを防げる。

＊**指数**：同じ数を何回かけたかを表す数。a^2（a の２乗）の場合は「2」のこと。
＊**累乗**：同じ数をいくつかかけること。
＊**係数**：足し算、引き算の混じった式を足し算だけの式で表したとき、それぞれの文字の前につく数。
＊**通分**：分母の数が異なる２つ以上の分数を、同じ分母（(最小)公倍数）の分数になるようになおすこと。

11 科学技術・情報通信技術（ICT）← P50・51　解答

1 ①ISS　②アルテミス　③NASA　④クルードラゴン　⑤JAXA　⑥リュウグウ
2 ①ナノテクノロジー　②富岳　③ニュートリノ　**3** ①iPS細胞　②ES細胞
4 ①超スマート社会　②情報社会　③生成AI　④IoT　⑤クラウドコンピューティング
⑥ビッグデータ　⑦5G　⑧DX　⑨メディア（情報）リテラシー

練習問題 12 式の基本公式

1 次の□に当てはまる数や文字を入れなさい。

□ ① $5a-2(a-5b)=5a-$ ア $+$ イ ……−2を(　)の中の項すべてにかける(分配法則)

$=$ ウ $a+$ イ

□ ② $(x-5)(x+9)$ ……………………… 展開公式を利用する

$=$ エ $+$ オ $x-45$ ……… 2数の和が x の係数、積が数字の部分

□ ③ $x^2-5x-14$ ……………………… 因数分解するときも、展開公式を利用する

$=(x+$ カ $)(x-$ キ $)$ …… 和が−5、積が−14の2数をさがせばよい

2 次の計算をしなさい。①、②は途中式も書きなさい。

□ ① $3(a+2b)-5(a-b)$

$=3a+$ ア $-5a+$ イ

$=$ ウ $+$ エ

□ ② $\sqrt{12}-5\sqrt{3}$

$=$ ア $\sqrt{3}-5\sqrt{3}$

$=$ イ

□ ③ $\sqrt{5}\times\sqrt{10}$

□ ④ $5ab\times(-3a)$

□ ⑤ $(x+6)(x-7)$

□ ⑥ $(x+5)^2$

□ ⑦ $(x-3)^2$

□ ⑧ $(x+6)(x-6)$

もう一押し

●因数分解

展開公式を利用して考える

・$x^2+(a+b)x+ab=(x+a)(x+b)$

2数の見つけ方は積から先に考える。

式の展開と因数分解は逆の公式！

・$x^2+2ax+a^2=(x+a)^2$

・$x^2-2ax+a^2=(x-a)^2$

・$x^2-a^2=(x+a)(x-a)$

＊ここに注意！

展開した式にマイナス(−)がある場合、因数分解でもマイナス(−)がつく。

3 次の計算をしなさい。②、⑥は途中式も書きなさい。

□ ① $\dfrac{5a-b}{2}-\dfrac{3a+2b}{5}$

□ ② $2a^2\div(5a^2b)^3\times\dfrac{5}{2}ab^3$

$=2a^2\div(\,\boxed{ア}\,)\times\dfrac{\boxed{イ}}{2}$

$=\dfrac{2a^2\times\boxed{イ}}{\boxed{ア}\times2}=\dfrac{1}{\boxed{ウ}}$

□ ③ $\sqrt{6}\times\sqrt{3}-\sqrt{8}$

□ ④ $3(x-5)(x-1)-2x^2$

□ ⑤ $4x^2-2(x+3)(x-3)$

□ ⑥ $(\sqrt{3}-\sqrt{2})^2$

$=\boxed{ア}-2\boxed{イ}+\boxed{ウ}$

$=\boxed{エ}-2\boxed{イ}$

4 次の式を因数分解しなさい。

□ ① $x^2-2x-15$ ……………………… 積が−15、和が－２になる数の組み合わせを考える

□ ② x^2-x-6

□ ③ $x^2+14x+49$

□ ④ $x^2-16x+64$

□ ⑤ x^2-1

解きテクニック

●計算ミスを防ぐには

1．マイナスが(　)の前にあるときは(　)の中のすべての項にマイナスがかかることに注意。
2．累乗は指数の回数だけその数をかけること。指数をその数にかけることではない。
3．式の計算は方程式ではない。通分しなくてはいけない。その区別は、式の途中に＝がある(方程式)か、ない(式の計算)かで見分ける。
4．計算問題こそ、ていねいに大きな字で書き、間違いをなくす。

13 方程式・不等式

ここだけ押さえる！

▶一次方程式の解き方

$5x-2=3x+6$ …… 文字は左辺、数字は右辺に移項する

$5x-3x=6+2$ …… 移項したとき符号＋－が反対になることに注意する！

$2x=8$ ………… 両辺をxの係数で割る

÷2　÷2

$x=4$

答　4

▶二次方程式の解き方

$2x^2-3x-1=0$

解の公式　$ax^2+bx+c=0$のとき　$x=\dfrac{-b\pm\sqrt{b^2-4ac}}{2a}$

$a=2$、$b=-3$、$c=-1$を代入すると、$x=\dfrac{-(-3)\pm\sqrt{(-3)^2-4\times2\times(-1)}}{2\times2}$

$x=\dfrac{3\pm\sqrt{9+8}}{4}$　$x=\dfrac{3\pm\sqrt{17}}{4}$

答　$\dfrac{3\pm\sqrt{17}}{4}$

▶例題１―連立方程式

$$\begin{cases}2x-3y=-9 & \cdots\cdots①\\5x+3y=30 & \cdots\cdots②\end{cases}$$

①＋②

連立方程式は、2つの式を足したり、引いたりして、xまたはyのどちらかを消す。

$$\begin{array}{rr}&2x-3y=-9\\+)&5x+3y=30\\\hline&7x\quad\;=21\end{array}$$

÷7　÷7

$x=3$ …………③

③を①に代入

$6-3y=-9$　$-3y=-15$　$y=5$

答 $x=3$、$y=5$

●連立方程式の数値を工夫する●

$$\begin{cases}3x-7y=24 & \cdots\cdots①\\2x+5y=-13 & \cdots\cdots②\end{cases}$$

①×2－②×3

$$\begin{array}{rr}&6x-14y=48\\-)&6x+15y=-39\\\hline&-29y=87\end{array}$$

$y=-3$ ……③

消す文字が、
・同じ符号（＋どうし、－どうし）→２式を引く。
・違う符号（＋と－）→２式を足す。

③を①に代入

$3x+21=24$　$3x=3$　$x=1$

答 $x=1$、$y=-3$

✻ここに注意！

xの係数が最小公倍数の6になるように、①×2、②×3をする。
yの係数をそろえてもよいが、数が大きくなりミスしやすい。

▶ 例題 2 ―不等式

$5x-2>x+6$ ………文字は左辺、数字は右辺に移項する

$5x-x>6+2$ ………両辺を計算してまとめる

$4x>8$ ……………両辺を x の係数で割る

$x>2$

答　$x>2$

▶ 例題３―分数の不等式

●まず、分母の公倍数をすべての項にかける

$\frac{x}{2}>\frac{5x}{3}-1$　$\frac{{}^{3}\cancel{6}x}{\cancel{2}}>\frac{{}^{2}\cancel{6}\times 5x}{\cancel{3}}-1\times 6$ ←

> 分母の公倍数6をかけて約分する。

$3x>10x-6$

$3x-10x>-6$　$-7x>-6$　$x<\frac{6}{7}$

> ーで割るときは不等号の向きが反対になる。

答　$x<\frac{6}{7}$

✻ここに注意!

分数の不等式は、分母の公倍数を分母で割ってから、分子にかける。

⬇

整数の式になるので簡単に計算することができる。

12 式の基本公式 ← P56・57　解答

❶ ①ア：$2a$　イ：$10b$　ウ：3　②エ：x^2　オ：4　③カ：2　キ：7

❷ ①$-2a+11b$　ア：$6b$　イ：$5b$　ウ：$-2a$　エ：$11b$　②$-3\sqrt{3}$　ア：2　イ：$-3\sqrt{3}$
③$5\sqrt{2}$　④$-15a^2b$　⑤x^2-x-42　⑥$x^2+10x+25$　⑦x^2-6x+9　⑧x^2-36

❸ ①$\frac{19a-9b}{10}$　②$\frac{1}{25a^3}$　ア：$125a^6b^3$　イ：$5ab^3$　ウ：$25a^3$　③$\sqrt{2}$　④$x^2-18x+15$
⑤$2x^2+18$　⑥$5-2\sqrt{6}$　ア：3　イ：$\sqrt{6}$　ウ：2　エ：5

❹ ①$(x+3)(x-5)$　②$(x+2)(x-3)$　③$(x+7)^2$　④$(x-8)^2$　⑤$(x+1)(x-1)$

解説

❸ ④ $3(x-5)(x-1)-2x^2$
$=3(x^2-6x+5)-2x^2$
$=3x^2-18x+15-2x^2$
$=x^2-18x+15$

⑤ $4x^2-2(x+3)(x-3)$
$=4x^2-2(x^2-9)$
$=4x^2-2x^2+18$
$=2x^2+18$

⑥ $(\sqrt{3}-\sqrt{2})^2$
$=(\sqrt{3})^2-2\times\sqrt{3}\times\sqrt{2}+(\sqrt{2})^2$
$=3-2\sqrt{6}+2$
$=5-2\sqrt{6}$

1 次の□に当てはまる数や文字を入れなさい。

□ 連立方程式 $\begin{cases} 3x+5y=-7 & \cdots\cdots ① \\ 2x-y=17 & \cdots\cdots ② \end{cases}$ を解くときは、yの係数を合わせて

①+②×5 $3x+5y=-7$

$+)$ [ア] $x-5y=$ [イ]

[ウ] $x=$ [エ] より、$x=$ [オ] ……③

③を②に代入して [カ] $-y=17$ よって、$y=$ [キ]

$x=$ [オ]、$y=$ [キ]

2 次の方程式を解きなさい。①、⑥は途中式も書きなさい。

□ ① $4x-7=x-1$

$4x-$ [ア] $=-1+$ [イ]

$3x=$ [ウ]

$x=$ [エ]

◇ ② $4(x+3)=x+6$

[　]

□ ③ $\begin{cases} x-3y=7 \\ -2x+y=-9 \end{cases}$

[　]

◇ ④ $\begin{cases} 2x-3y=5 \\ 3x+y=2 \end{cases}$

[　]

□ ⑤ $x^2+3x-5=0$

[　]

◎ ⑥ $x^2+7x-18=0$

$x=\dfrac{-\boxed{ア}\pm\sqrt{7^2-4\times1\times\boxed{イ}}}{2}=\dfrac{-\boxed{ア}\pm\sqrt{\boxed{ウ}}}{2}$

$=\dfrac{-\boxed{ア}\pm\boxed{エ}}{2}$

$x=$ [オ]、$x=$ [カ]

もう一押し

○連立不等式の解き方

$\begin{cases} x+3>5 & \cdots\cdots ① \\ 3x+8>5x-4 & \cdots\cdots ② \end{cases}$

①から $x>2$ ……③

②から $-2x>-12$ $x<6$ ……④

③、④を数直線で考えると

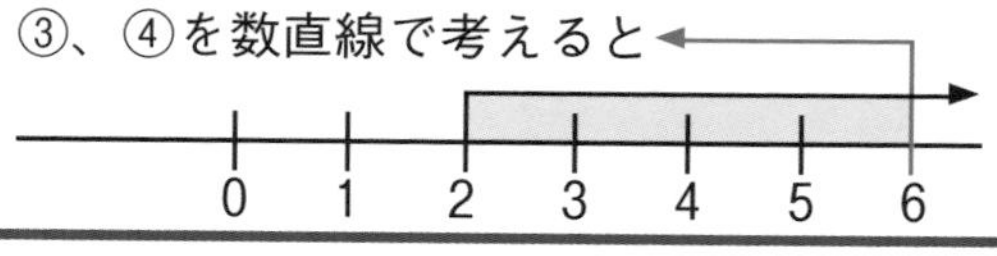

連立不等式は数直線上で考える！

解の範囲が重なっているところが、連立不等式の解

答 $2<x<6$

3 次の連立不等式を解きなさい。

連立不等式 $\begin{cases} x+5>6 \cdots\cdots ① \\ 5x+6>7x-2 \cdots\cdots ② \end{cases}$ を解くときは、①、②をそれぞれ計算すると

① では、$x>$ ア　　②では、$x<$ イ

この解の範囲を数直線で考えると

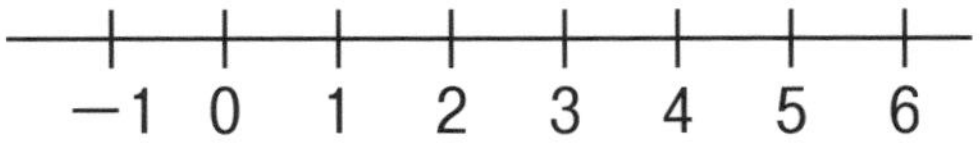

4 次の方程式・不等式を解きなさい。

① $0.6x-0.4=0.3x-4.3$

まず ➡ 両辺を10倍して整数にする

② $\dfrac{x+3}{7}=\dfrac{1}{3}x+1$

③ $\begin{cases} 0.4x-3y=2 \\ 0.5x+y=12 \end{cases}$

④ $\begin{cases} x+2y=10 \\ \dfrac{x}{2}-\dfrac{y}{3}=1 \end{cases}$

⑤ $3x^2+x-6=0$

⑥ $(x-2)(x-4)=18$

⑦ $0.03x-0.08<0.13$

⑧ $\begin{cases} 4-7x<-3x+8 \\ 2x-1<\dfrac{4x+5}{3} \end{cases}$

解き方テクニック

計算ミスを防ぐには

1．等号（＝）、不等号（＞）のある式で、**移項** するとき、文字や数字の **符号が反対になる** ことに注意。
2．小数の問題では両辺を10倍、100倍にし、分数の問題では両辺に分母の公倍数をかけることで **整数の式に直して解く** ことに注意。
3．連立方程式の加減法で、上の式から下の式を **引く** ときは、下の式の **すべての項の符号を反対にして足す**。
4．連立不等式では、**2 式の解の範囲を数直線を用いて考える** こと。

14 平面図形・空間図形

ここだけ押さえる！

▶平面図形の規則

- n角形の内角の和→180（n－2）度
- n角形の外角の和→360度
- 平行線の同位角、錯角は等しい。図の∠aと∠cが同位角、∠bと∠cが錯角

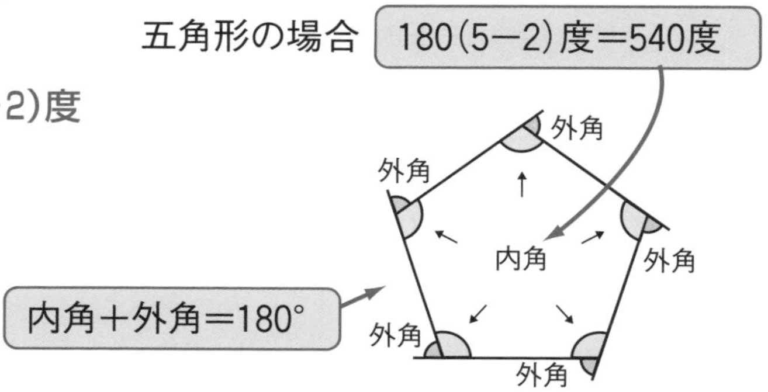

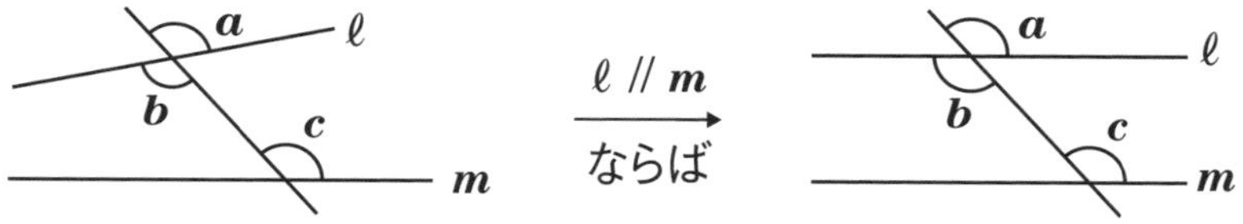

∠a＝∠c（同位角）
∠b＝∠c（錯角）

- 同じ弧に対する円周角の大きさは等しい。中心角の大きさは円周角の2倍になる。

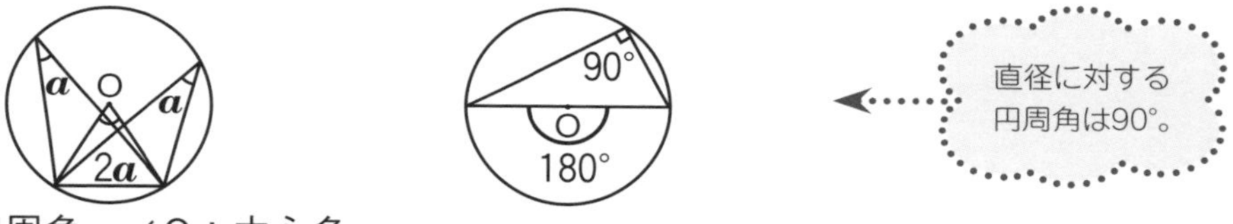

∠a；円周角　∠O；中心角

▶例題1―平行線と角・円周角

●次の角x、yを求めなさい。

（1）

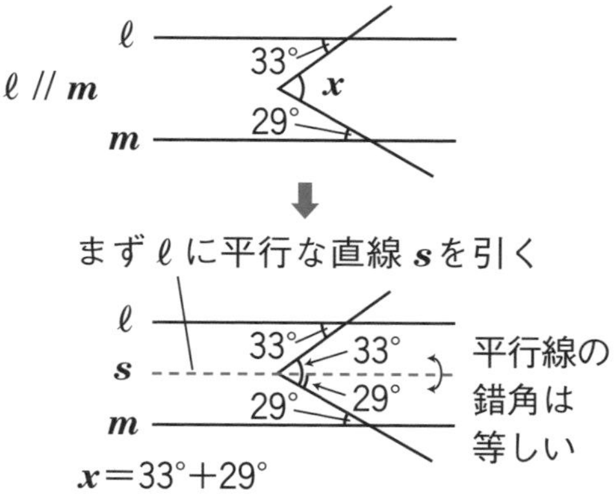

x＝33°＋29°
x＝62°

答　62°

（2）

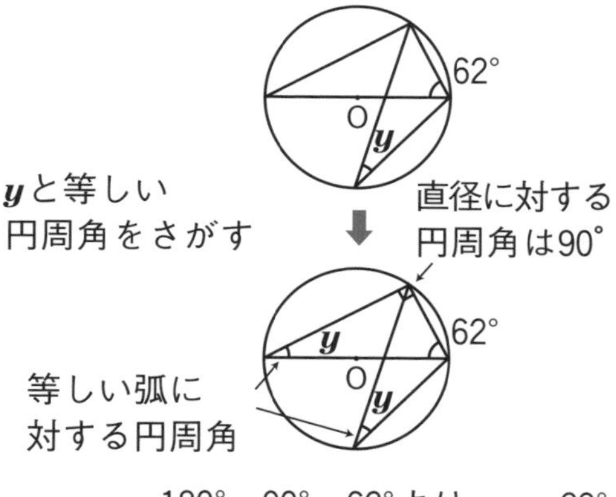

y＝180°－90°－62°より　y＝28°

答　28°

ここだけ押さえる！

▶回転体　次の図形を直線 ℓ を軸として回転させたときにできる図形は？

円柱

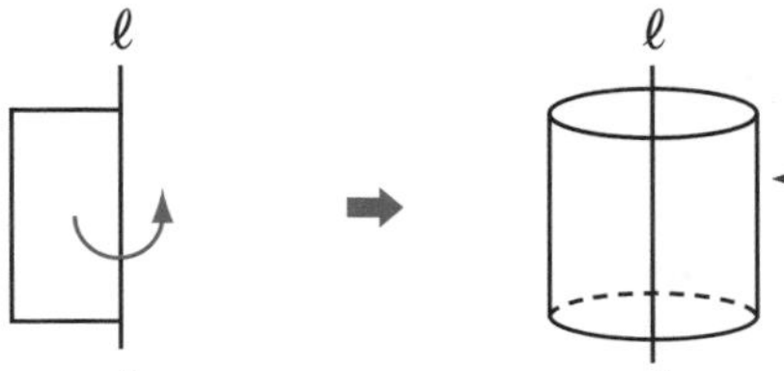

回転体を軸に垂直に切断すると切り口はすべて円になる。

球

▶体積の公式

・角柱(円柱)……底面積×高さ　・角すい(円すい)……底面積×高さ× $\frac{1}{3}$

▶正多面体

頂点の数は矢印の関係で覚える。

名称	正四面体	正六面体	正八面体	正十二面体	正二十面体
面の形	正三角形	正方形	正三角形	正五角形	正三角形
面の数	4	6	8	12	20
頂点の数	4	8	6	20	12
辺の数	6	12	12	30	30

▶例題2—回転体の体積

●次の図形を直線 ℓ を軸として回転させたときにできる立体の体積を求めなさい。

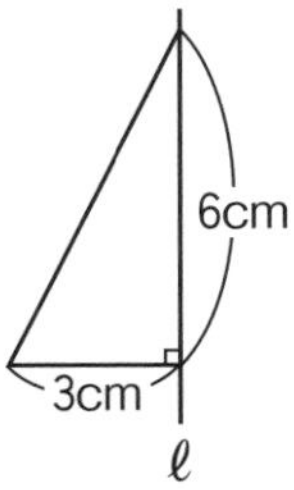

解き方

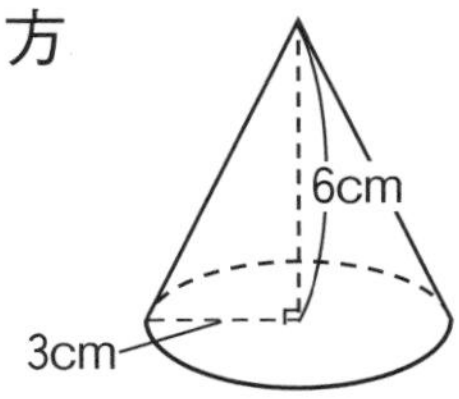

半径3cm、高さ6cmの円すいになる。

円すいの体積＝底面積×高さ× $\frac{1}{3}$

底面積　高さ

$3\times3\times\pi\times6\times\frac{1}{3}=18\pi$

答　$18\pi\text{cm}^3$

13 方程式・不等式 ⬅ P60・61　解答

❶ ア：10　イ：85　ウ：13　エ：78　オ：6　カ：12　キ：−5

❷ ① $x=2$　ア：x　イ：7　ウ：6　エ：2 ② $x=-2$ ③ $x=4$、$y=-1$ ④ $x=1$、$y=-1$ ⑤ $x=\frac{-3\pm\sqrt{29}}{2}$
⑥ア：7　イ：(−18)　ウ：121　エ：11　オ：−9　カ：2（オとカは順不同）

❸ $1<x<4$　ア：1　イ：4　❹ ① $x=-13$ ② $x=-3$ ③ $x=20$、$y=2$ ④ $x=4$、$y=3$
⑤ $x=\frac{-1\pm\sqrt{73}}{6}$ ⑥ $x=3\pm\sqrt{19}$ ⑦ $x<7$ ⑧ $-1<x<4$

練習問題 14 平面図形・空間図形

1 次の角 x、y の値を求めなさい。

□ ①

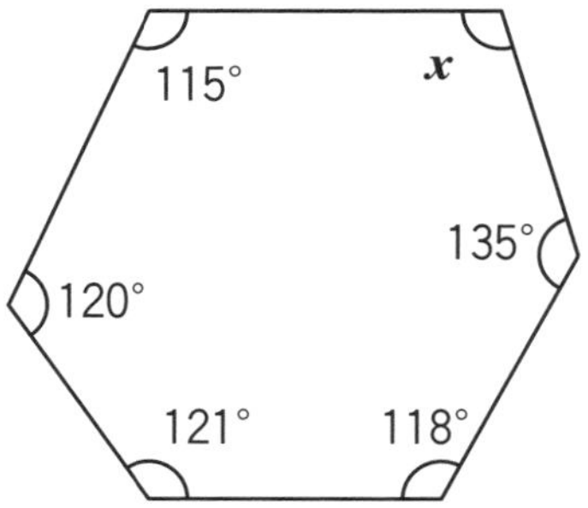

まず ➡ 六角形の内角の和を求める

x

□ ②

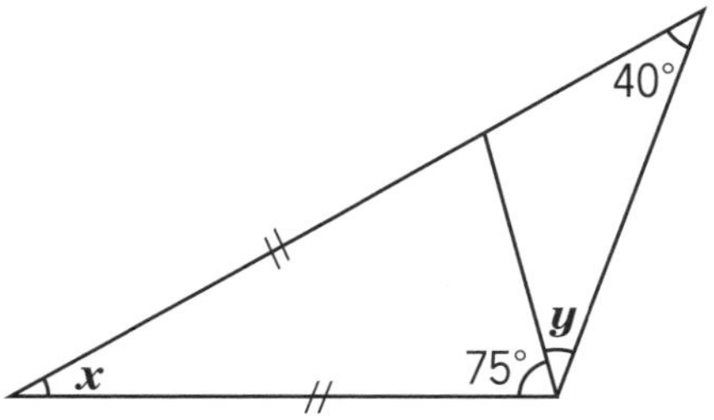

まず ➡ 二等辺三角形からxを求める

x	y

◇ ③

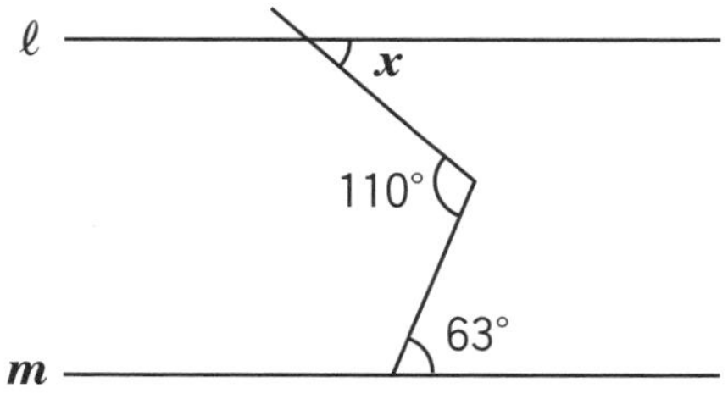

$\ell \,//\, m$

まず ➡ ℓとmに平行な直線sを引く

x

◇ ④

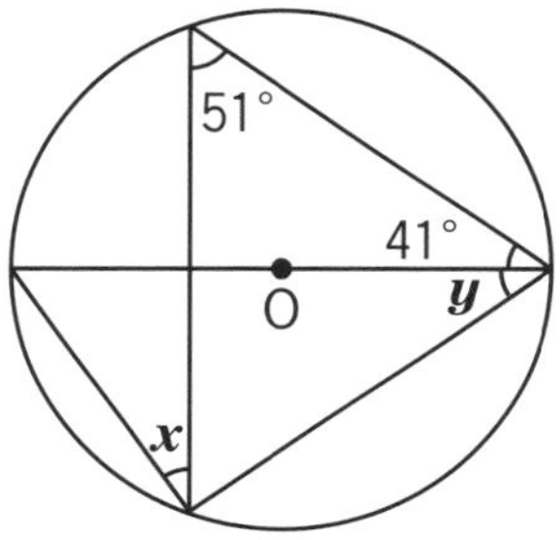

まず ➡ 直径に対する円周角を考える

x	y

2 次の正多面体についての表の空いている部分ア～コに答えなさい。

名称	正四面体	正六面体	正八面体	正十二面体	正二十面体
面の形	ア	正方形	正三角形	イ	ウ
面の数	4	エ	8	オ	20
頂点の数	カ	キ	6	20	ク
辺の数	6	ケ	12	コ	30

3 次の図形をℓを軸として回転させたときにできる立体の名称と体積を求めなさい。

①

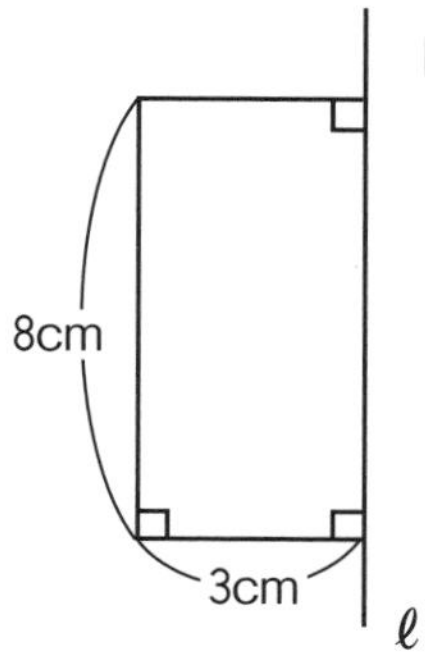

回転すると

➡

名称　　　体積　　　cm^3

②

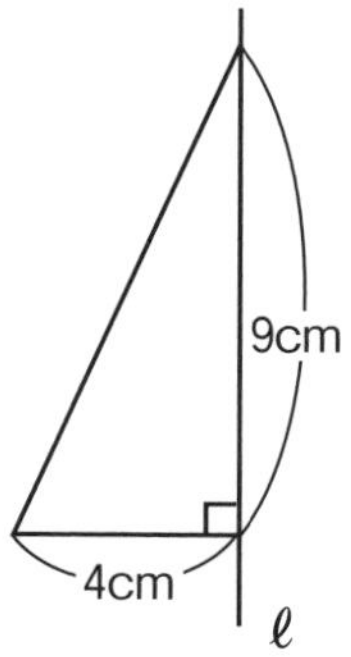

回転すると

➡

名称　　　体積　　　cm^3

4 次の星の形で a ～ e までの角度の合計を求めなさい。

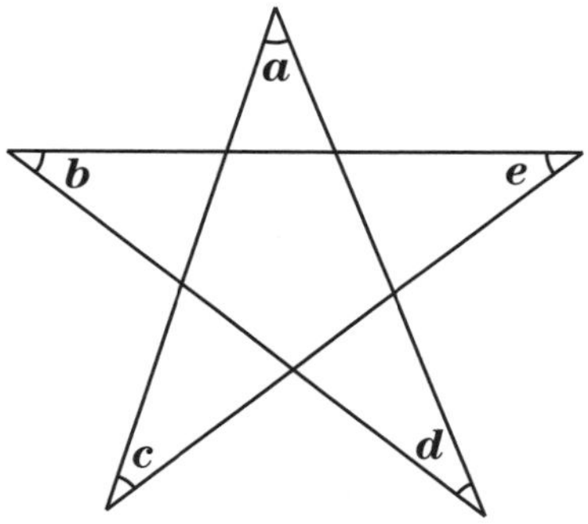

●ヒント●

三角形の２つの内角の和は、それらととなりあわない外角に等しい。

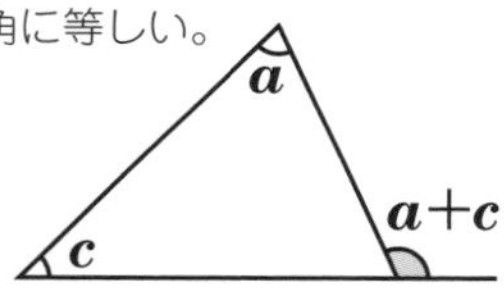

覚えるコツ

正多面体の種類は、63ページの表の５種類だけ。

○頂点の数は、63ページの表の矢印部分で覚える。

○辺の数の覚え方（オイラーの定理）辺の数＝頂点の数＋面の数－２

辺は（＝）　帳面（頂点・面）　に引け！（２を引け）

○回転体

回転させた立体の底面は円形になるので、柱ならば［円柱］、先がとがれば［円すい］

15 文章題「濃度・速さ」

ここだけ押さえる！

▶ 割合の表し方　割合の問題はパターン化して覚える!!

割合の小数		百分率		歩合
0.13	=	13%	=	1割3分

①濃度（%）＝食塩の量÷食塩水の量×100

②食塩の量＝食塩水の量×割合の小数

▶ 例題 1 ―濃度（割合）

●500gの食塩水の中に食塩 5 gが含まれるときの濃度は？

（食塩の量　食塩水の量）

濃度の計算は①の公式に当てはめて計算するだけ ➡ $5 \div 500 \times 100 = 1$

答　1 %

● 5 %の濃度の食塩水200 gに含まれる食塩の量は？

5 %を割合の小数にすると0.05なので公式に当てはめて計算する！

➡ $200 \times 0.05 = 10$

答　10g

▶ 例題 2 ―濃度（割合）

● 3 %の食塩水と 9 %の食塩水を混ぜると、 5 %の食塩水が1200 gできた。それぞれ何 gずつ混ぜたか？

考え方：わからない数値を x、yを使って表し、方程式を 2 つつくればよい。

わからない数値：3 %の食塩水→ x g　9 %の食塩水→ y g

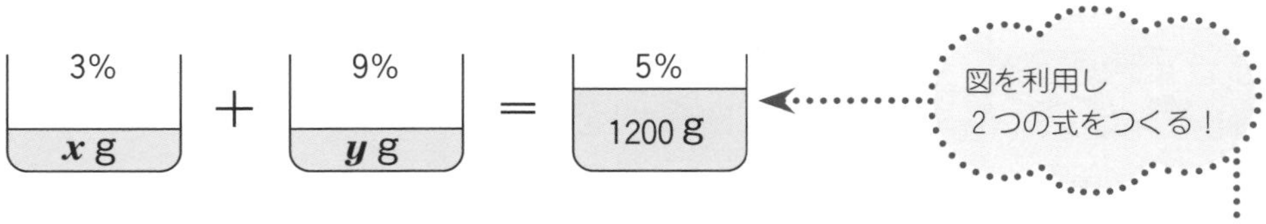

食塩水の量で式 1 つ。食塩の量で式 1 つ。

食塩の量は公式②を利用して求める！ ➡

$$\begin{cases} x+y = 1200 & \cdots\cdots ① \\ 0.03x+0.09y = 0.05\times 1200 & \cdots\cdots ② \end{cases}$$

①× 3 －②×100から、$-6y = -2400$より、$y = 400$

①に代入して、$x + 400 = 1200$　から、$x = 800$

答　3 % 800g、9 % 400g

ここだけ押さえる！

▶速さ・距離・時間の求め方

速さ＝道のり÷時間　　道のり＝速さ×時間　　時間＝道のり÷速さ

$\frac{\text{道のり（距離：キ）}}{\text{速さ（ハ）×時間（ジ）}}$ ➡ $\frac{\text{キ}}{\text{ハ×ジ}}$ ←……

速さの問題は公式に当てはめて計算するだけ！

「木（キ）の下（分母）で花（ハ）咲か、じ（ジ）いさんかけて（×）いる」と覚える！

▶例題３―速さ

●800mの道のりを４分で走ったときの速さは？

道のり（800m）　時間（４分）　　分速 ←……

上の図でわからない数値を指でかくして、わかっている数値をそれぞれ当てはめるだけで答えが求められる。

速さがわからないから（ハ）を指でかくして、800と４を当てはめると

$\frac{\text{キ}}{\quad}$ ジ

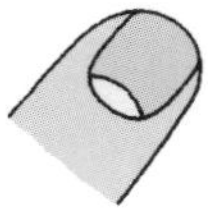

➡ $\frac{800}{4} = 200$

答　分速200m

▶例題４―速さの方程式

●分速60mで歩く弟が、家を出てから10分後に、兄が分速180mの速さの自転車で追いかけた。兄は家を出てから何分後に弟に追いつくか？

兄が家を出てからx分後に追いつくとする。

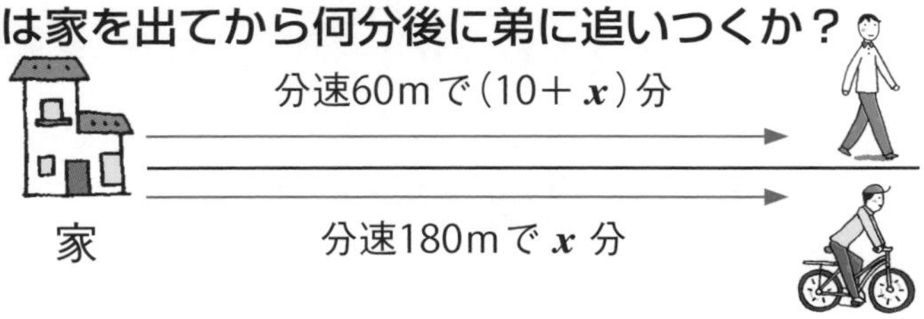

追いつく＝２人の進んだ道のりが等しい。

弟の進んだ道のりは、60×（10＋x）　兄の進んだ道のりは、180×x ←……

追いつくときに２人の進んだ道のりが等しいことから方程式をつくる。

60×（10＋x）＝180x　これを解くと、x＝5

答　５分後

14 平面図形・空間図形 ← P64・65 解答

← P64・65

1 ①$x = 111°$　②$x = 30°$　$y = 35°$　③$x = 47°$　④$x = 41°$　$y = 39°$

2 ア：正三角形　イ：正五角形　ウ：正三角形　エ：6　オ：12　カ：4　キ：8　ク：12　ケ：12　コ：30

3 ①名称　円柱　体積　$72\pi cm^3$　②名称　円すい　体積　$48\pi cm^3$　**4** 180°

解説

4 aとcをヒントのように外角に移し、bとdも同様に移すとa〜eが一つの三角形の内角の和になり、180°となる。

練習問題　15 文章題「濃度・速さ」

1 次の濃度の問いに答えなさい。また、ア～ウも答えなさい。

◇ ①800 g の食塩水に食塩が40 g 含まれるときの濃度を求めなさい。

➡ 公式①を利用する

食塩の量 [ア] g ÷食塩水の量 [イ] g ×100

[　　　]

□ ②1.2kgの食塩水に食塩が24 g 含まれるときの濃度を求めなさい。

[　　　]

□ ③濃度 6 %の食塩水500 g に含まれる食塩の量を求めなさい。

➡ 公式②を利用する

食塩水の量 [ア] g ×割合の小数 [イ]

[　　　]

□ ④濃度 3 %の食塩水 1 kgに含まれる食塩の量を求めなさい。

[　　　]

◎ ⑤ 5 %の食塩水と12%の食塩水を混ぜて、 7 %の食塩水を210 g つくった。
5 %の食塩水と12%の食塩水の量をそれぞれ求めなさい。

➡ 5 %の食塩水の量を x g 、12%の食塩水の量を y g として連立方程式にする

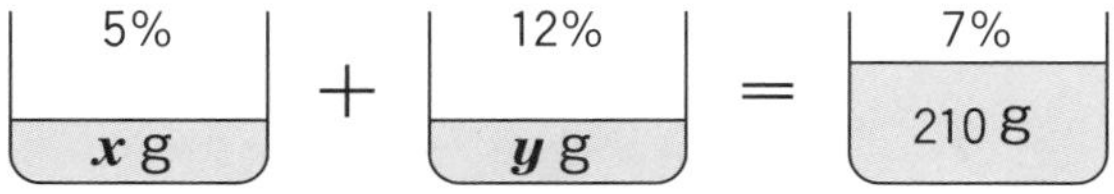

食塩水の量で等式をつくる ⟶ $x + y =$ [ア]

含まれる食塩の量で等式をつくる ⟶ [イ] ＋ [ウ] ＝ 0.07×210

[5 %　　　12%　　　]

□ ⑥ 8 %の食塩水と15%の食塩水を混ぜて、11%の食塩水を140 g つくった。
8 %の食塩水と15%の食塩水の量をそれぞれ求めなさい。

[8 %　　　15%　　　]

❷ 次の速さの問いに答えなさい。また、ア、イも答えなさい。

◇ ①時速30kmの速さで５時間走ったとき進んだ道のりを求めなさい。

➡距離(キ)を
指でかくして

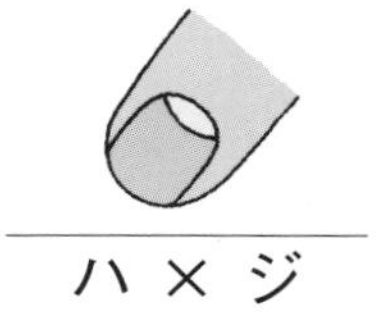

➡ ア □ × イ □

□

□ ②120kmの道のりを６時間で走る自転車の速さを求めなさい。

➡速さ(ハ)を
指でかくして

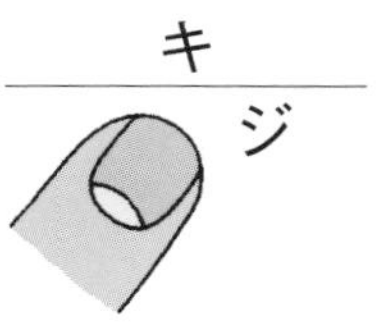

➡ $\frac{ア}{イ}$

□

□ ③90mを秒速30mで走ったとき、かかった時間を求めなさい。

➡時間(ジ)を
指でかくして

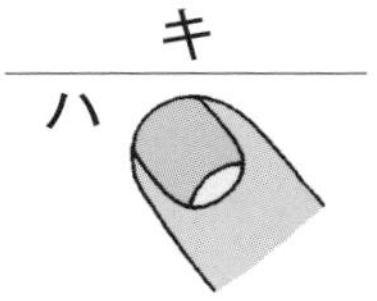

➡ $\frac{ア}{イ}$

□

◎ ④分速60mで走る息子が家を出てから３分後に、忘れ物に気がついた父が分速120mの速さで追いかけたとき、父は家を出てから何分後に息子に追いつけるか求めなさい。

➡ x 分後に追いつく
と考える

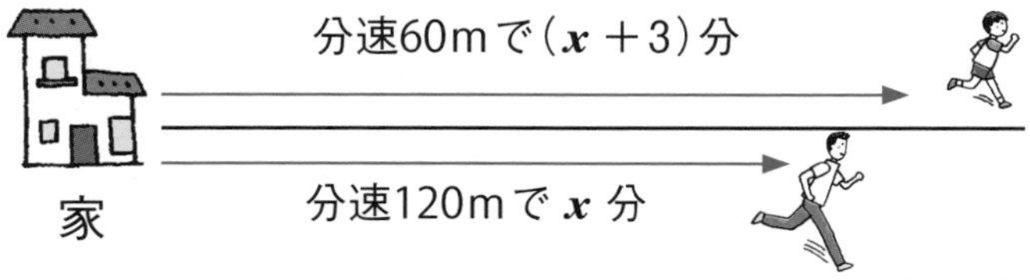

□

解き方テクニック

濃度５％の食塩水ならば、食塩水１gの中に食塩が0.05g含まれると考える。つまり、濃度５％の食塩水200gに含まれる食塩の量は、0.05×200 ＝ 10gである。
速さの問題で注意する点は、単位が秒、分、時間、m、kmなどたくさん出てくることである。たとえば、「分速60m」ならば、そのほかわかっている数値の単位を必ず「分」「m」というように「速さ」の単位に統一すること。

16 関数

ここだけ押さえる！

▶関係式とグラフ

	関係式	グラフ
① 比例	$y=ax$	原点を通る直線
② 反比例	$y=\frac{a}{x}$	双曲線
③ 一次関数	$y=ax+b$	直線
④ 二次関数	$y=ax^2$	放物線

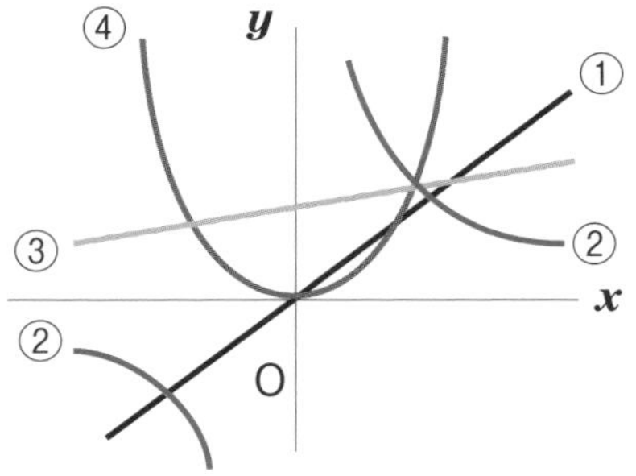

▶式の求め方

関係式に問題文からわかる値を代入して求める。比例、反比例が $y=ax$、$y=\frac{a}{x}$ で表されたとき、aを比例定数という。

▶グラフ上の2直線の交点の求め方

2直線は2つの方程式→この連立方程式を解く。求めた x、y の値が交点の座標。

▶x 軸との交点の求め方

x 軸上の点は必ず $y=0$ →関係式に $y=0$ を代入して x の値を求める。

▶例題1―関数の式

関数の式の求め方
⬇
わかっている値を代入して答えを出す。

●次の関係式を求めなさい。

(1) yはxに比例して、$x=4$ のとき $y=-12$

①の関係式 $y=ax$ に $x=4$、$y=-12$を代入して a の値を求める。

$-12=4a$　$a=-3$　　関係式は　$y=-3x$

答　$y=-3x$

(2) yはxに反比例して、$x=-2$ のとき $y=6$

②の関係式 $y=\frac{a}{x}$ に $x=-2$、$y=6$ を代入して a の値を求める。

$6=-\frac{a}{2}$　$a=-12$　　関係式は　$y=-\frac{12}{x}$

答 $y=-\frac{12}{x}$

(3) y は x の一次関数で、グラフの傾きが2で、点(3, 1)を通る。

③の関係式に代入して b の値を求める。

$1=2\times3+b$　から $b=-5$　　関係式は $y=2x-5$

答 $y=2x-5$

(4) yはxの2乗に比例して、$x=4$ のとき $y=16$

④の関係式 $y=ax^2$ に $x=4$、$y=16$を代入して a の値を求める。

$16=a\times4^2$　……xの値を2乗することに注意！

$16=16a$　$a=1$　　関係式は　$y=x^2$

答 $y=x^2$

▶ 例題 2 ―一次関数の式と面積

面積を求めるときの考える順序：交点A、B、Cの座標を求める→底辺・高さがわかる。

(1) 下の図の△ＡＢＣの面積を求めなさい。

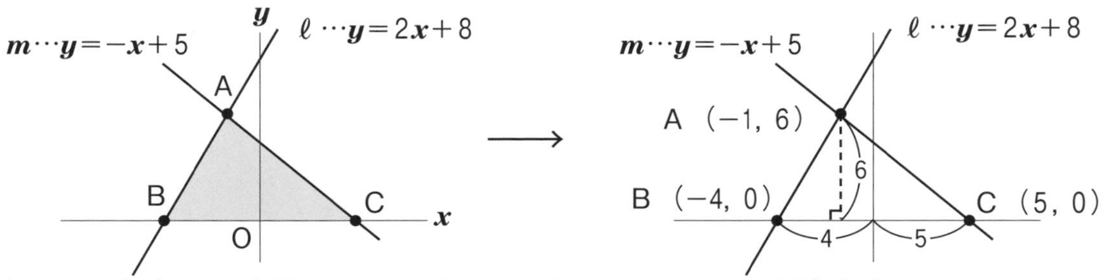

ℓ と m の交点Aの座標は、$y=2x+8$ と $y=-x+5$ を連立させて

$2x+8=-x+5$ から $x=-1$、$y=6$ → △ＡＢＣの高さ 6

Bの x 座標は、$0=2x+8$ から $x=-4$　Cの x 座標は、$0=-x+5$ から $x=5$

△ＡＢＣの底辺は　$4+5=9$

△ＡＢＣの面積は、$9\times6\div2=27$

答　27

(2) 下の図の△ＡＢＣの面積を求めなさい。

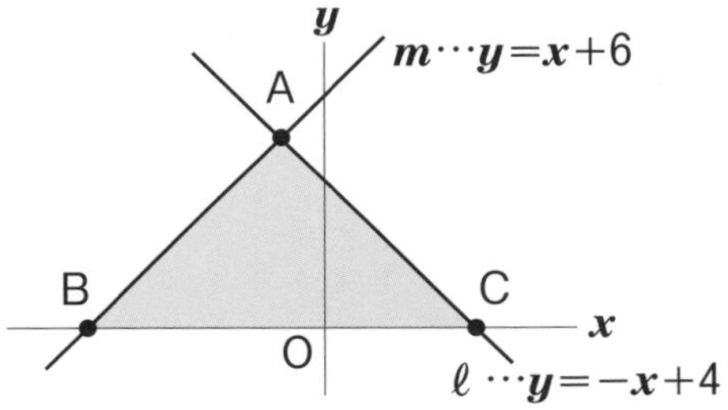

ℓ と m の交点Aの座標は

$y=x+6$ と $y=-x+4$ を連立させて

$x+6=-x+4$ から $x=-1$、$y=5$

↓

△ＡＢＣの高さ 5

Bの x 座標は、$0=x+6$ から $x=-6$　Cの x 座標は、$0=-x+4$ から $x=4$

△ＡＢＣの底辺は　$6+4=10$

△ＡＢＣの面積は、$10\times5\div2=25$

答　25

15 文章題「濃度・速さ」 ← P68・69　解答

❶ ①ア:40　イ:800　5％　②2％　③ア:500　イ:0.06　30g　④30g　⑤ア:210　イ:$0.05x$
ウ:$0.12y$　5％：150g　12％：60g　⑥8％：80g　15％：60g

❷ ①ア:30　イ:5　150km　②ア:120　イ:6　時速20km　③ア:90　イ:30　3秒　④3分後

解説

❷ ④　息子は分速60mで $(x+3)$ 分、父は分速120mで x 分進む。2人の進んだ距離が等しいので
$60(x+3)=120x$　これを解くと、$x=3$ から3分後。

練習問題 16 関数

1 次のグラフに当てはまる関数の式を①～④の番号で答えなさい。

① $y = x$

② $y = \frac{1}{2}x^2$

③ $y = 2x - 3$

④ $y = \frac{4}{x}$

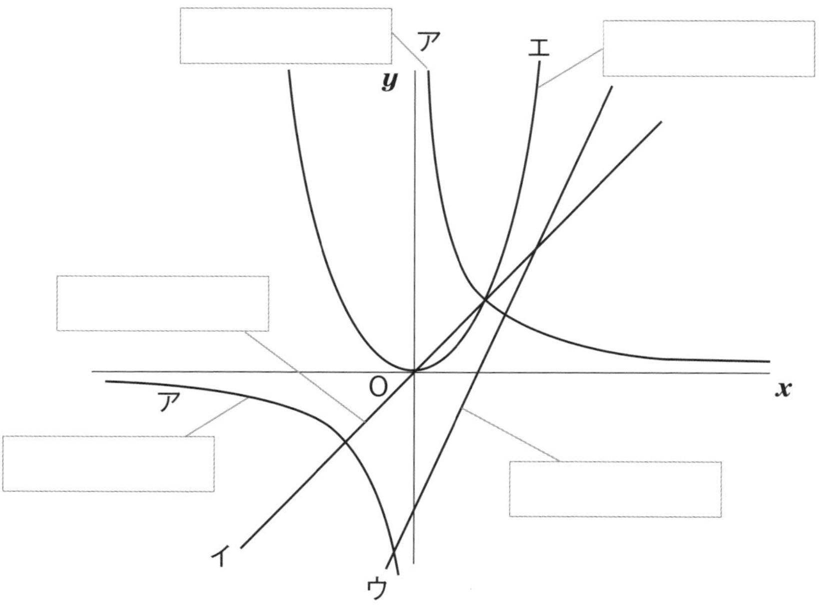

2 次の関係式を求めなさい。

① y は x に比例し、$x = 6$ のとき $y = 24$ である。

② y は x に反比例し、グラフが点（4，−7）を通る。

③ y は x の一次関数で、グラフの傾きが3で、点（2，5）を通る。

④ y は x の2乗に比例し、$x = 2$ のとき $y = 8$ である。

3 右の図について答えなさい。

① 点Aの座標を求めなさい。

② 点Bの座標を求めなさい。

③ 点Cの座標を求めなさい。

④ △ABCの面積を求めなさい。

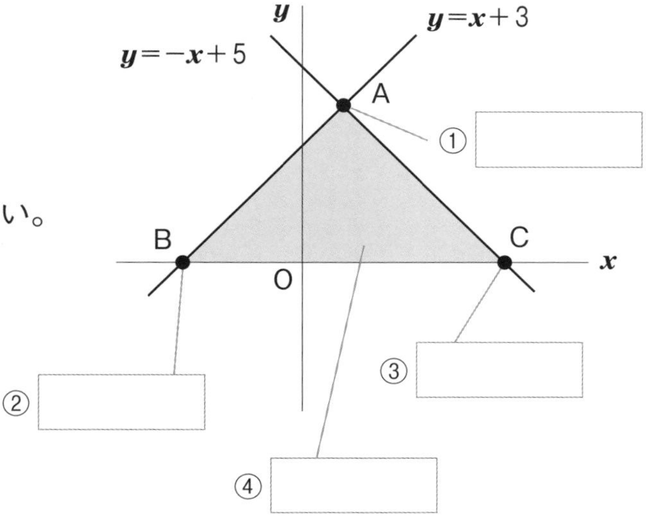

4 右の図について答えなさい。

① 直線mのグラフの傾きが2のとき、mの式を求めなさい。

② 直線ℓの式を求めなさい。

•ヒント•
傾きが右下がりのときの
xの係数の符号に注意！

③ △ABCの面積を求めなさい。

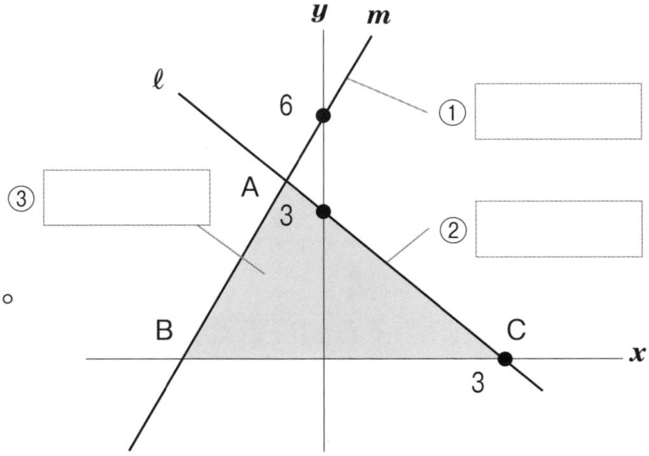

解き方テクニック

関数の問題は、関係式とグラフとの関係が難しく、苦手としている人がたくさんいるが、
関数＝方程式……関係式にわかっている値を代入してわからない値を求めるだけ。
このようにシンプルに考えると問題が理解できる。
また、グラフ上から面積を求める問題では、座標の値はx軸、y軸からの距離を表していると考える。

17 場合の数・確率

ここだけ押さえる！

▶場合の数

Ａ通りの事象が起こり、そのそれぞれについてＢ通りの事象が起こる場合の数はＡ×Ｂ

▶確率

$$\text{確率}=\frac{\text{その事象が起こる場合の数}}{\text{すべての事象が起こる場合の数}}$$

大小２つのサイコロを投げたとき出る目を樹形図で見ると

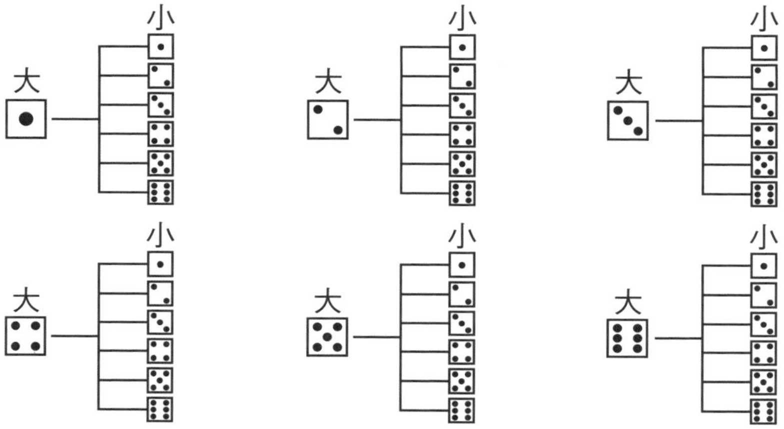

▶例題１─場合の数

●下の図でＡ町からＢ町に行く方法は３通り、Ｂ町からＣ町に行く方法は４通りです。Ａ町からＢ町を通ってＣ町に行く方法は何通りあるか求めなさい。

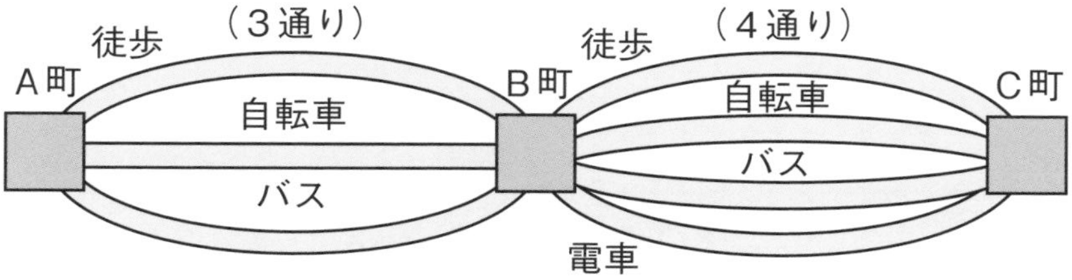

Ａ町からＢ町→３通り、Ｂ町からＣ町→４通り　よって、３×４＝12

答　12通り

▶ 例題 2 ―樹形図で考える

●A、B、Cの 3 人でじゃんけんをしたとき、Aだけが勝つ確率を求めなさい。

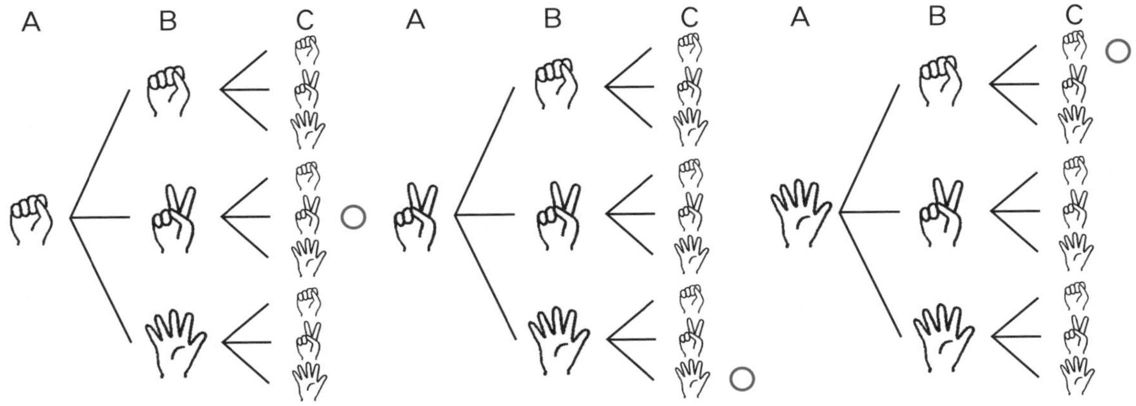

上の樹形図から、Aだけが勝つのは→ 3 通り

すべての事象が起こる場合の数は→27通り

よって、Aだけが勝つ確率は $\frac{\cancel{3}^{1}}{\cancel{27}_{9}} = \frac{1}{9}$

樹形図はもれや重複がないようていねいに書くことが大切。ここで焦らない！

答　$\frac{1}{9}$

●計算で考えてみる

3 人の出し方は、それぞれがグー、チョキ、パーの 3 通り→ $3 \times 3 \times 3 = 27$通り

Aだけが勝つ方法は、グーで勝つか、チョキで勝つか、パーで勝つか→ 3 通り

▶ 例題 3 ―特殊な場合

●大小 2 つのサイコロを投げたとき出る目の積が偶数になる確率を求めなさい。

積が偶数になる場合の数はたくさんあるので→奇数にならないと考える。

奇数になるのは左ページ、サイコロの樹形図から、 9 通り（大 1 と小 1 ・ 3 ・ 5、大 3 と小 1 ・ 3 ・ 5、大 5 と小 1 ・ 3 ・ 5）。よって、奇数になる確率は

$\frac{\cancel{9}^{1}}{\cancel{36}^{4}} = \frac{1}{4}$

すべての事象が起こる確率は→ 1

偶数になる確率は $1 - \frac{1}{4} = \frac{3}{4}$

答　$\frac{3}{4}$

16 関数 ← P72・73　解答

❶ ア④　イ①　ウ③　エ②　　❷ ①$y = 4x$　②$y = -\frac{28}{x}$　③$y = 3x-1$　④$y = 2x^2$

❸ ①(1, 4)　②(−3, 0)　③(5, 0)　④16

❹ ①$y = 2x+6$　②$y = -x+3$　③12

解説

❹ ①一次関数$y = ax + b$で傾きが 2 →$a = 2$、図から切片が 6 →$b = 6$

②図から、xが 3 増加すると y が 3 減少しているので、$a = -1$

練習問題 17 場合の数・確率

1 次の問いに答えなさい。

(1) 下の図でA町からB町を通過してC町に行く方法は何通りか。

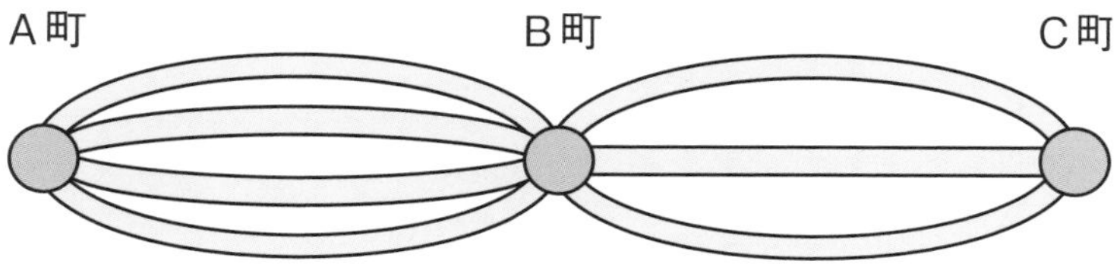

(2) 下の図はある公園の出入りの門を表したものである。これについて答えなさい。

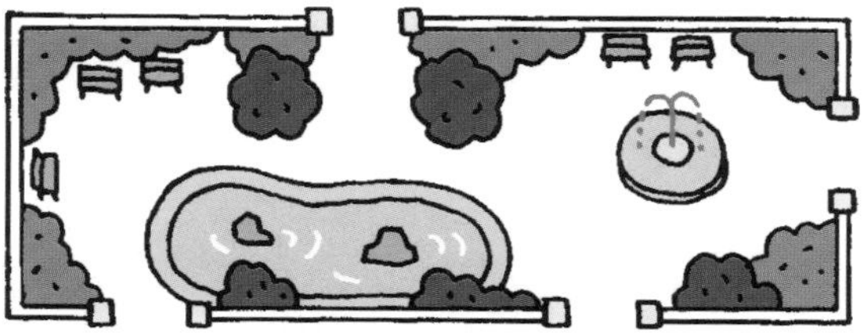

●ヒント●
図に問題の要点を書き込んでいく。文字でも線でもよい。

① この公園に入ってから出る方法は何通りあるか。ただし、入った門からは出られないものとする。

② 入った門から出ることができる場合、何通りになるか。

(3) 下の図のように、5枚のカードがある。これについて答えなさい。

5　4　3　2　1

① このカードを使って4けたの整数をつくる。何通りの数ができるか。

まず ➡ 樹形図を書こう！

② このカードを使って3けたの偶数をつくる。何通りの数ができるか。

2 次の問いに答えなさい。

(1) **下の図のように袋に白玉が 3 個、青玉が 2 個入っている。これについて答えなさい。**

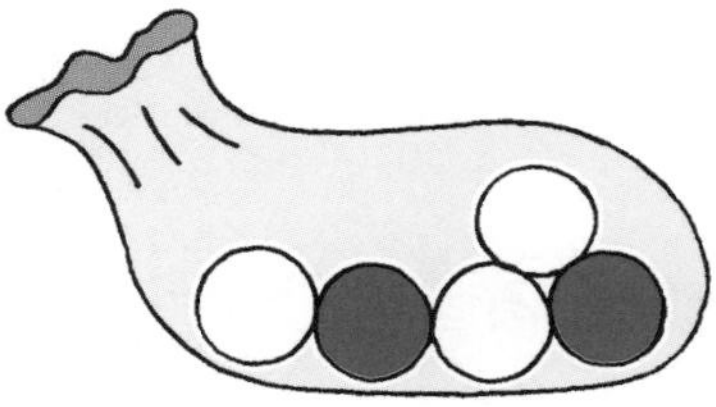

□ ① 玉を 1 個取り出したとき、青玉である確率を求めなさい。

□ ② 取り出した玉を返さずにもう一度玉を取り出したとき、また青玉になる確率を求めなさい。

(2) **A、B、Cの 3 人でじゃんけんをする。これについて答えなさい。**

◇ ① グー、チョキ、パーの出し方は何通りあるか。

◇ ② AとB 2 人がCに勝つ確率を求めなさい。

(3) **大小 2 つのサイコロがある。これについて答えなさい。**

□ ① 目の出方は何通りあるか。

◇ ② 大小 2 つとも同じ目が出る確率を求めなさい。

もう一押し

「何通りの方法があるのか？」を求めるには「場合の数」だけではなく、「順列」と「組み合わせ」もある。
例えば、5 人の並び方を求める順列の計算では、一番前の人から順に「5 通り→ 4 通り→ 3 通り→ 2 通り→ 1 通り」。よって、$5 \times 4 \times 3 \times 2 \times 1 = 120$通りとなる。
AからEの 5 人の人で総当たり戦をする組み合わせは、
A—B、A—C、A—D、A—E、B—C、B—D、B—E、C—D、C—E、D—E の10通りとなる。
A—B、B—Aは同じ戦いだから重複するので考えない。
順列も組み合わせも場合の数の考え方が基本なので、まずはしっかりと場合の数をマスターしよう。

18 物理

ここだけ押さえる！

▶電気

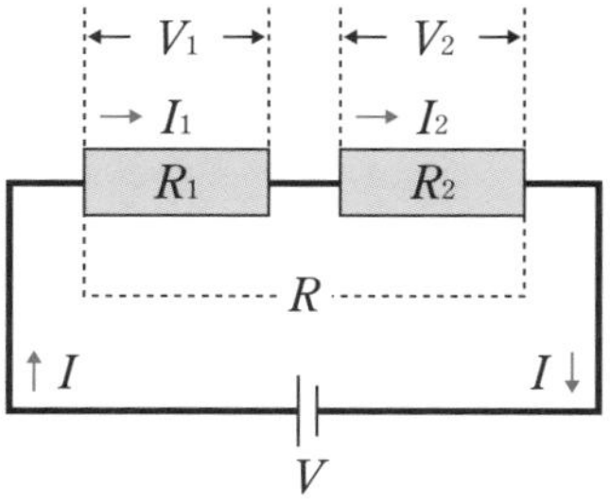

回路：電源(電池など)のプラス極からマイナス極までの電気の流れる道筋。

直列回路：枝分かれせずにつながっている回路。

$$I = I_1 = I_2 \qquad V = V_1 + V_2 \qquad R = R_1 + R_2$$

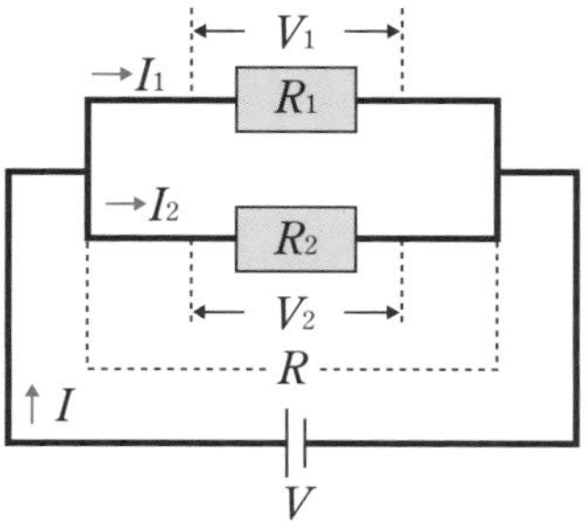

並列回路：回路の途中に枝分かれがある回路。

$$I = I_1 + I_2 \quad V = V_1 = V_2 \quad R < R_1,\ R < R_2$$

オームの法則：

E(電圧)(V) ＝ R(抵抗)(Ω) × I(電流)(A)

▶力

力のはたらき：物体の形を変える、物体を支える、物体の運動の様子を変えるとき、力がはたらいている。

力のつり合い：１つの物体にはたらく２つの力の向きが反対で、一直線上にあり、力の大きさが等しい場合、２つの力はつり合っているという。例えば、机の上に静止している物体には、つり合っている２つの力がはたらいている。

●主な力の種類

垂直抗力：水平面に物体を置いたとき、重力の反対方向に物体を支えようとしてはたらいている力。

摩擦力：物体を動かそうとしたときや動いているときに、その物体が動くのをさまたげようとする力。

力の単位：１N(ニュートン)は100ｇの物体にはたらく地球の重力にほぼ等しい。

てこの原理：てことは細長い棒などによって小さな力で大きな力を発生させる方法である。支点、力点、作用点がある。

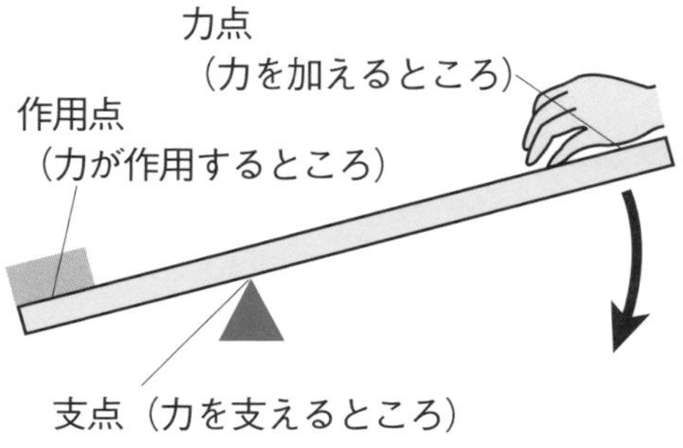

圧力：面にはたらく力が同じなら、面が大きくなれば圧力は小さくなる。

$$\text{圧力(Pa)} = \frac{\text{面を垂直に押す力（N）}}{\text{力がはたらく面積（}m^2\text{）}}$$

単位はパスカル

▶ 物体の運動

物体の速さ：物体の進む向きに力がはたらいていると物体は加速し、摩擦力などの反対の方向の力がはたらいていると物体は減速する。また、力がはたらいていない場合はそのままの速さで動き続ける。この運動を等速直線運動という。

$$\text{速さ(m/秒)} = \frac{\text{移動距離（m）}}{\text{移動するのにかかった時間（秒）}}$$

慣性の法則：物体に力がはたらいていないか、力がはたらいているが力がつり合っているとき、静止していた物体はいつまでも静止し続け、動いていた物体はいつまでも動き続ける。

作用･反作用の法則：物体に力を加えると、逆に物体からも同じだけ力を受ける。

▶ エネルギー

●力学的エネルギー

位置エネルギー：物体は高いところにあればあるほど大きなエネルギーをもつ。また質量が大きいほど、大きなエネルギーをもつ。

運動エネルギー：運動している物体はそれ自体がエネルギーをもっている。運動の速さが速いほど、質量が大きいほど、大きなエネルギーをもつ。

力学的エネルギー保存の法則：位置エネルギーと運動エネルギーは変換することができるが、変換の前後で、その総量は一定である。

磁界の向きは、電流の流れる方向に対して右ねじを回す向きと同じである。

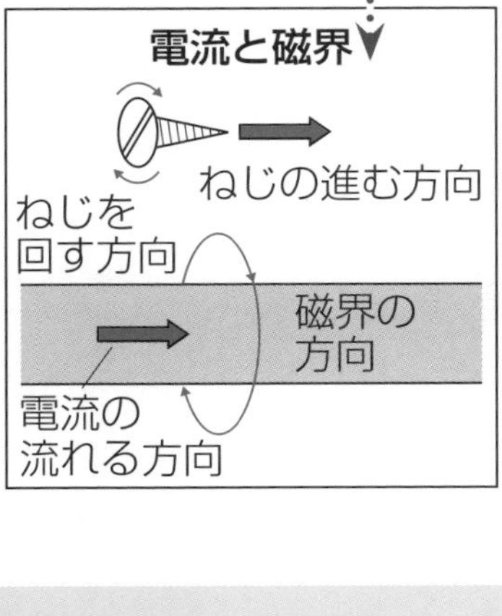

●いろいろなエネルギー

電気エネルギー：電気によりモーターなどを動かす能力。

熱エネルギー：蒸気などにより物を動かす能力。

ほかにも光エネルギー、音エネルギーなどがある。

▶ 磁界

磁力：磁石の力。これがはたらく空間を磁界と呼ぶ。

磁界の向き：方位磁針のN極が向く方向。

17 場合の数・確率 ← P76・77 解答

❶ (1) 12通り　(2) ①12通り　②16通り　(3) ①120通り　②24通り

❷ (1) ① $\frac{2}{5}$　② $\frac{1}{10}$　(2) ①27通り　② $\frac{1}{9}$　(3) ①36通り　② $\frac{1}{6}$

練習問題 18 物理

1 力、物体の運動について、次の空欄を埋めなさい。

□ 力がはたらいている状態とは①＿＿＿＿、②＿＿＿＿、③＿＿＿＿ときである。

□ ④＿＿＿＿：水平面に物体を置いたとき、重力の反対方向にはたらいている力。

◇ ⑤＿＿＿＿：物体を動かそうとしたり動いているときに、物体が動くのをさまたげようとする力。

□ 1N(ニュートン)は⑥＿＿＿＿gの物体にはたらく地球の重力とほぼ等しい。

◇ てこの原理：小さな力を大きな力に変えることができる。てこには、⑦＿＿＿＿点、⑧＿＿＿＿点、⑨＿＿＿＿点がある。

□ ⑩＿＿＿＿：一定の面積当たりにはたらく力のこと。面にはたらく力が同じなら、面積が大きいほど、その値は小さくなる。

□ 直線上を動く物体に力がはたらいていると、加速したり減速したりする。逆に力がはたらいていない場合、加速も減速もせず、常に一定の速度で動き続ける。この運動を⑪＿＿＿＿という。

◇ ⑫＿＿＿＿の法則：物体に力がはたらいていないか、または、力がはたらいているが力がつり合っているとき、静止していた物体はいつまでも静止し続け、動いていた物体はいつまでも動き続ける。

□ ⑬＿＿＿＿の法則：物体に力を加えると、逆に物体からも同じだけ力を受ける。

2 エネルギーについて、次の空欄を埋めなさい。

□ ①＿＿＿＿エネルギー：物体が基準点より高いところにある場合にもっているエネルギー。

□ ②＿＿＿＿エネルギー：物体が運動しているときにもっているエネルギー。

◇ ①と②のエネルギーは③＿＿＿＿することができるが、③の前後でその総量は一定である。この法則を④＿＿＿＿という。

3 電流と磁界について、次の空欄を埋めなさい。

□ ①［　　　　］：電気の流れる道筋。

□ ②［　　　　］回路：右の図のように、枝分かれせずに回路がなり立っているもの。

$I = I_1 = I_2$

$V = V_1 + V_2$

$R = R_1 + R_2$

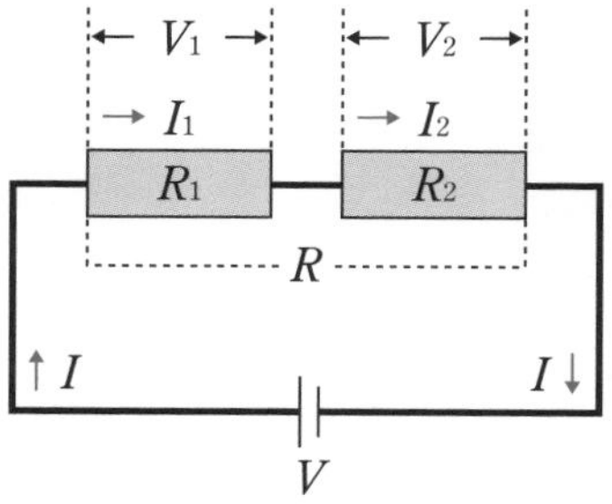

□ ③［　　　　］回路：右の図のように、回路の途中に枝分かれがあるもの。

$I = I_1 + I_2$

$V = V_1 = V_2$

$R < R_1,\ R < R_2$

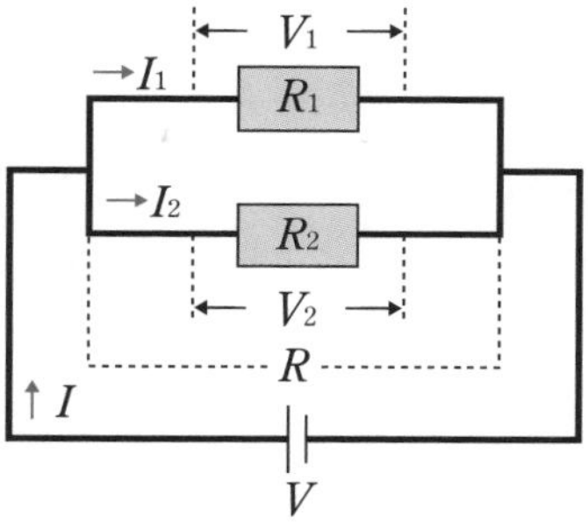

□ ④［　　　　］の法則：電流、電圧と抵抗の間には、E(電圧)＝R(抵抗)×I(電流)という関係が成り立つ。

□ ⑤［　　　　］：磁石の力。これがはたらく空間を⑥［　　　　］と呼ぶ。

□ 電流による磁界：導線に電気を流すと、電流の発生とともに磁界が発生する。磁界の向きは、電流の流れる方向に対して⑦［　　　　］を進めたときの回す向きと同じである。

覚えるコツ

力を考えるときには、向きと作用点が重要である。物体には通常複数の力がはたらいている。たとえば、机の上に箱が置いてある場合、重力が箱の重心から下向きにかかっている。また、机との接地面から上向きに垂直抗力がかかっている。この2つの力がつり合っているから、箱は動かないのである。実際に机の上に箱が置いてあるところをイメージしながら覚えていこう。物体にどのような力がかかっているのか考える場合は、考えられる力をすべて書き込むとわかりやすい。図のイメージなど、ビジュアル的に覚えることがポイントである。

19 化学

ここだけ押さえる！

▶物質の三態

物質は、温度や圧力によって、気体、液体、固体に変化する。

沸点：液体が気体に状態変化する温度。

融点：固体が液体に状態変化する温度。

昇華：固体が液体を経ずに直接気体になる現象。
またはその逆の現象。

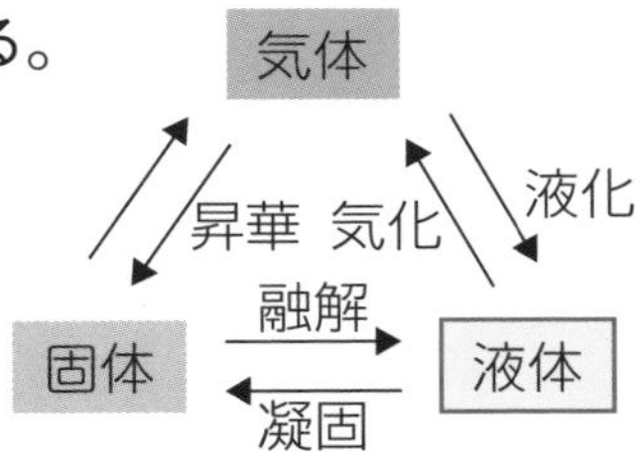

▶化学変化

原子：物質を、それ以上分割できない小さな粒。

分子：物質の性質を失わない最小の粒。１種類の原子からなるものを単体、複数の種類の原子からなるものを化合物という。

化学式：原子記号によって物質を表現したもの。水：H_2O、二酸化炭素：CO_2

化合：２種類以上の物質が結びついて、性質の違う別の物質ができる化学変化。

$2H_2+O_2 \rightarrow 2H_2O$　　H：水素　O：酸素

燃焼：化合の中で、特に熱や光を出しながら、はげしく酸素と結合すること。

$2Mg+O_2 \rightarrow 2MgO$　　Mg：マグネシウム　MgO：酸化マグネシウム

質量保存の法則：物質の質量は化学変化の反応の前後で変化しない。

化学反応式：化学変化を化学式で表したもの。

▶酸化還元反応

酸化反応：酸素と物質が結びつく反応。または、物質が水素を失う反応。燃焼は酸化反応の一種。

$2Cu+O_2 \rightarrow 2CuO$——銅＋酸素→酸化銅

還元反応：酸化物が酸素を失う反応。または、物質が水素と結びつく反応。鉄や銅の精錬など。

$2CuO+C \rightarrow 2Cu+CO_2$——酸化銅＋炭素→銅＋二酸化炭素

$CuO+H_2 \rightarrow Cu+H_2O$——酸化銅＋水素→銅＋水

▶ 水溶液

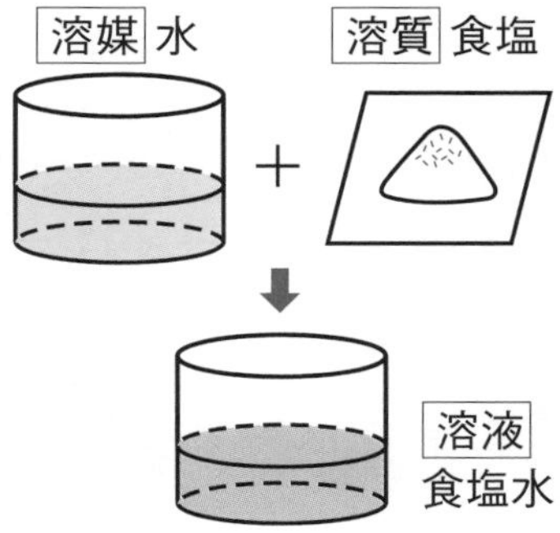

溶質：溶液中に溶けている物質。

溶媒：溶質を溶かしている物質。水溶液の場合は水。

溶液：溶質が溶媒に溶けている状態の液体。

溶解度：100 g の水に溶けることができる溶質の質量。

飽和水溶液：それ以上物質が溶けない状態の水溶液。

酸性の水溶液：塩酸（HCl）や酢酸《さくさん》（CH_3COOH）など。
青色のリトマス紙を赤色に変える、BTB溶液を黄色に変えるという性質がある。H^+ が水溶液中に存在する。

BTB溶液は、中性のときは緑色を示す。

化学反応式は最初にCO_2、H_2Oなどよく出る化学式を覚えよう。よく出る化学式は安定（原子どうしの結びつきが強くなる状態）であることが多い。

アルカリ性の水溶液：水酸化ナトリウム（$NaOH$）水溶液、アンモニア（NH_3）水溶液など。赤色のリトマス紙を青色に変える、BTB溶液を青色に変化させる、フェノールフタレイン溶液を赤色に変化させるという性質がある。OH^- が水溶液中に存在する。

中和：酸性の水溶液とアルカリ性の水溶液を混ぜると、性質を打ち消し合う反応が起こり、中性となることを中和反応という。

$HCl + NaOH \rightarrow NaCl + H_2O$

塩《えん》：中和反応によって生成する。塩化ナトリウム（$NaCl$）、酢酸アンモニウム（CH_3COONH_4）。

電解質：水に溶かしたときに電気を通すようになる物質。

電離：電解質を水溶液にしたときに＋と－のイオンに分かれる反応。

$H_2O \leftrightarrow H^+ + OH^-$

$HCl \leftrightarrow H^+ + Cl^-$

✻ここに注意！

質量：物質それ自体の重さ。単位はg（グラム）など。
密度：物質1 cm^3 あたりの質量。単位は g/cm^3。

18 物理 ← P80・81 解答

1 ①物体の形を変える　②物体を支える　③物体の運動の様子を変える（①～③順不同）　④垂直抗力　⑤摩擦力　⑥100　⑦支　⑧力　⑨作用（⑦～⑨順不同）　⑩圧力　⑪等速直線運動　⑫慣性　⑬作用・反作用

2 ①位置　②運動　③変換　④力学的エネルギー保存の法則

3 ①回路　②直列　③並列　④オーム　⑤磁力　⑥磁界　⑦右ねじ

練習問題 19 化学

1 物質の三態について、次の空欄を埋めなさい。

□ 物質は、温度や圧力によって、①（　　　）、（　　　）、（　　　）に変化する。

◇ 固体が液体を経ずに直接気体になる現象を②（　　　）という。

□ 固体が液体に状態変化する温度を③（　　　）という。

□ 液体が気体に状態変化する温度を④（　　　）という。

2 物質の性質や化学変化について、次の空欄を埋めなさい。

◇ 物質それ自体の重さを①（　　　）といい、物質1 cm^3あたりの質量を②（　　　）という。

□ 溶液中に溶けている物質を③（　　　）といい、③を溶かしている物質(水溶液の場合は水)を④（　　　）という。

◇ 溶質が溶媒に溶けている状態の液体を⑤（　　　）という。

□ 100 gの水に溶けることができる溶質の質量を⑥（　　　）という。また、それ以上物質が溶けない水溶液の状態を⑦（　　　）という。

◇ リトマス試験紙には、赤色と青色の2種類ある。
赤色→青色……⑧（　　　）性　青色→赤色……⑨（　　　）性

□ BTB溶液は酸性だと⑩（　　　）色、アルカリ性だと⑪（　　　）色、中性だと⑫（　　　）色を示す。

□ フェノールフタレイン溶液：アルカリ性の物質を入れると⑬（　　　）色に変化する。

□ 酸性の水溶液の代表には⑭（　　　）や（　　　）などがある。

□ アルカリ性の水溶液の代表には⑮（　　　　　）水溶液や（　　　　　）水溶液がある。

□ 酸性の水溶液とアルカリ性の水溶液を混ぜると、互いにその性質を打ち消し合う反応が起こる。これを⑯［　　　］反応という。

HCl ＋ NaOH→NaCl ＋⑰［　　　］（塩酸と水酸化ナトリウムの反応）

□ ⑱［　　　］：中和反応によって生成する。塩化ナトリウム（NaCl）や酢酸アンモニウム（CH_3COONH_4）などの物質。

□ ⑲［　　　］：水に溶かしたときに電気を通すようになる物質。

□ ⑳［　　　］：⑲を水溶液にしたときに＋と－のイオンに分かれる現象。

□ 物質を、それ以上分割できない小さな粒を㉑［　　　］という。

◇ ㉒［　　　］：物質の性質を失わない最小の粒。

㉓［　　　］：㉒のうち、１種類の㉑からなるもの。

㉔［　　　］：㉒のうち、複数の種類の㉑からなるもの。

□ 原子記号によって物質を表現したものを㉕［　　　］という。

□ ㉖［　　　］：２種類以上の物質が結びついて、性質の違う別の物質ができる化学変化。

□ ㉗［　　　］：㉖の中で、特に熱や光を出しながら、はげしく酸素と結合すること。

2Mg＋㉘［　　　］→2MgO

◎ 物質の質量は化学変化の反応の前後で変化しない。この法則を㉙［　　　］の法則という。

□ 化学変化を化学式で表したものを㊵［　　　］という。

□ 酸化反応とは、酸素と物質が㉛［　　　］反応。または、物質が水素を㉜［　　　］反応。燃焼は酸化反応の一種。

□ 還元反応とは、酸化物が酸素を㉝［　　　］反応。または、物質が水素と㉞［　　　］反応。鉄や銅の精錬など。

20 生物・地学

ここだけ押さえる！

▶自然界の仕組み

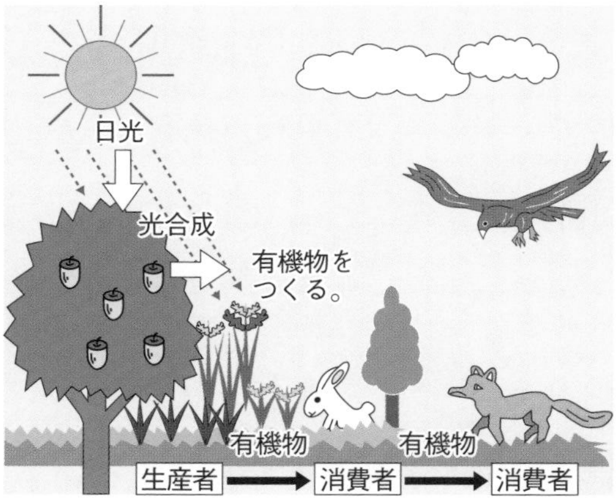

食物連鎖：生物間の食う食われるという関係。

生産者：緑色植物。光合成を行って太陽のエネルギーを蓄え、有機物をつくる。

消費者：草食動物や肉食動物。他の生物を食べることによってエネルギーを得る。

分解者：生産者や消費者の死体を分解してエネルギーを得る。菌類・細菌類など。

光合成：植物は細胞の中のクロロフィルを利用して太陽エネルギーで糖などの有機物にする。その過程で二酸化炭素は吸収され、酸素が排出される。

メンデルの法則：メンデルが示した遺伝に関する法則。優性の法則、分離の法則、独立の法則をまとめ、遺伝学の基礎を築いた。

DNA：遺伝子の本体。生物の遺伝情報を担う物質。４種の塩基による二重らせん構造。

▶宇宙

太陽系：太陽を中心とした星の集まり。地球もこれに属する。太陽と惑星、衛星と小惑星などからなる。

太陽に近い惑星の順番の覚え方
水《すい》（水星）、金《きん》（金星）、地《ち》（地球）、火《か》（火星）、木《もく》（木星）、土《ど》（土星）、天《てん》（天王星）、海《かい》（海王星）とリズムで覚える。

▶植物

種子植物：維管束《いかんそく》*があり、種子によって繁殖する植物。被《ひ》子《し》植物と裸《ら》子《し》植物とがある。

- 被子植物：胚珠《はいしゅ》が子房の中にあって、種子が果実の中にできる。
  - 双子葉類：子葉*が２枚で、葉脈が網目状。
  - 単子葉類：子葉が１枚で、葉脈が平行脈。
- 裸子植物：胚珠が裸出し、種子がむき出しにできる。マツなどの仲間。

＊維管束《いかんそく》：葉で作られた糖などの養分が通る師管《しかん》と根で吸収した水分が通る道管《どうかん》からできている。
＊子葉：発芽して最初に出てくる葉。

シダ植物：維管束はあるが、種子は作らず、胞子によって繁殖する植物。

コケ植物：維管束がなく、胞子によって繁殖する植物。

藻《そう》類：維管束がなく、主に水中で生活し、胞子などによって繁殖する。

▶ 動物

- 脊椎《せきつい》動物：脊椎（背骨）によって体を支えている動物。
  - 恒温動物：体温を一定温度に保つことができる動物。哺《ほ》乳《にゅう》類と鳥類。
    - 哺乳類：母親が分泌する乳を飲ませて子育てをする。ほとんどが胎生*。
    - 鳥類：前足が翼になっている。ダチョウなど飛べない鳥もいる。卵生*である。
  - 変温動物：体温が外部の温度に影響される。哺乳類と鳥類以外の動物。
    - は虫類：体表がうろこや甲羅で覆われている。ほとんどが卵生である。トカゲ、カメなど。
    - 両生類：体表にうろこなどはない。変態し、幼生はえらで呼吸する。カエルなど。
    - 魚類：水中で生活し、えら呼吸をする。

＊胎生：親の体内から幼生の形で生まれてくる。
＊卵生：卵の形で産み落とされる。

- 無脊椎動物：脊椎を持たない動物。
  - 変温動物
    - 節足動物：昆虫や甲殻類など足に節がある動物。数は他の動物に比べてとても多い。
    - その他の動物

▶ 天体

恒星：太陽のように自ら光り輝く天体。水素やヘリウムの核融合をエネルギー源としている。

惑星：恒星の周りを回っている天体。

衛星：惑星の周りを回っている天体。太陽系では、水星と金星にはない。

公転：天体が別の天体の周囲を回る現象。地球の場合、季節変化に関与する。

自転：天体が自転軸を中心に回る現象。地球の場合、日変化に関与する。

▶ 地球—46億年前に太陽系とともに誕生

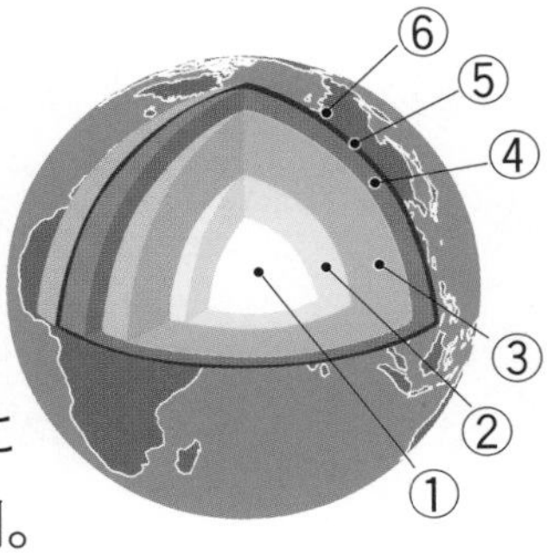

地球は、1年で太陽の周りを公転、1日で自転している。地球の衛星は月である。

〈地球の構造〉①内核、②外核、③下部マントル、④上部マントル、⑤地殻、⑥地表　その周りを大気が約10km覆っている。地球は1周約4万kmで赤道周の方がやや長い。主に岩石や金属から構成され、表面の約7割は海、陸地が3割。

19 化学 ⬅ P84・85 解答

P84・85

❶ ①気体、液体、固体（順不同） ②昇華 ③融点 ④沸点　❷ ①質量 ②密度 ③溶質 ④溶媒 ⑤溶液 ⑥溶解度 ⑦飽和 ⑧アルカリ ⑨酸 ⑩黄 ⑪青 ⑫緑 ⑬赤 ⑭塩酸、酢酸（硫酸など） ⑮水酸化ナトリウム、アンモニア（など） ⑯中和 ⑰H_2O ⑱塩 ⑲電解質 ⑳電離 ㉑原子 ㉒分子 ㉓単体 ㉔化合物 ㉕化学式 ㉖化合 ㉗燃焼 ㉘O_2 ㉙質量保存 ㉚化学反応式 ㉛結びつく ㉜失う ㉝失う ㉞結びつく

練習問題 20 生物・地学

1 生物について、次の空欄を埋めなさい。

- 生物どうしの食う食われるの関係を①［　　　　］という。
- ①において、太陽のエネルギーを取り込んで有機物にするはたらきを持つものを②［　　　　］、他の生物を食べることによって有機物を取り込む生物を③［　　　　］、有機物を分解して無機物にする生物のことを④［　　　　］という。
- 植物には、大きく分けて、道管や師管などの⑤［　　　　］を持つ植物と持たない植物がある。⑤を持たない植物には⑥［　　　　］や⑦［　　　　］などがある。⑤を持つ植物には⑧［　　　　］と⑨［　　　　］がある。
- ⑥⑦⑨は、子孫を残すために種子ではなく⑩［　　　　］を使う。
- ⑧は種子を使って子孫を残すが、種子の様子によって2つに分けることができる。
  - ⑪［　　　　］植物：種子がむき出しにできる。スギ、ヒノキなど。
  - ⑫［　　　　］植物：種子が果実の中にある。カキ、モモなど。
- 光合成：緑色植物などがクロロフィルを使って光エネルギーを利用して水と⑬［　　　　］から糖と⑭［　　　　］を作ること。
- 脊椎動物には5種類ある。
  1. ⑮［　　　　］：胎生で母親の母乳を飲んで成長する。
  2. ⑯［　　　　］：前足が翼になっていて空を飛べるものが多い。卵生である。
  3. ⑰［　　　　］：体表がうろこや甲羅で覆われている。卵生である。
  4. ⑱［　　　　］：体表にうろこはない。幼生はえら呼吸である。卵生。
  5. ⑲［　　　　］：えらで呼吸し、水中で生活している。卵生である。
- ⑮、⑯の動物は一定の体温を保つことができる。このような動物を⑳［　　　　］動物という。逆に体温が外部の温度に影響される動物を㉑［　　　　］動物という。

□ メンデルの法則には、㉒　　　　、分離の法則、独立の法則がある。

□ ㉓　　　　とは、遺伝子の本体であり、生物の遺伝情報を担う物質。４種の塩基による㉔　　　　構造を持つ。

２ 宇宙と地球について、次の空欄を埋めなさい。

□ ①　　　　とは、太陽のように自ら光を発している天体のこと。
②　　　　は、①の周りを回っている天体である。
③　　　　は、②の周りを回っている天体である。

□ 太陽系は太陽を中心とした天体の集まりである。太陽に近い順に惑星を並べると、太陽→④　　　　→⑤　　　　→地球→⑥　　　　→⑦　　　　→⑧　　　　→⑨　　　　→⑩　　　　となる。

◇ 天体が別の天体の周りを回る現象を⑪　　　　といい、天体が自転軸を中心に回る現象を⑫　　　　という。

□ 地球は約⑬　　　　年前に誕生したと考えられている。

□ 地球は太陽の周りを⑭　　　　年かけて１周し、⑮　　　　日かけて自転している。地球の衛星は⑯　　　　である。

□ 地球は１周約⑰　　　　kmで、地球表面は約⑱　　　　％が海に覆われている。残りの⑲　　　　％は陸地である。さらにその周りを約⑳　　　　kmの大気が覆って気象現象を起こしている。

覚えるコツ

動物の性質は進化の過程をよく反映している。進化の順は魚類→両生類→は虫類→鳥類、哺乳類である。恒温動物の方が変温動物より進化したタイプである。鳥類と哺乳類だけが恒温動物である。卵生か胎生では胎生がより進化したタイプである。哺乳類だけが胎生であるのはそのためである。体表のうろこも両生類にはなく、は虫類には現れ、鳥類ではそれが羽毛に進化する。

面接試験の準備

面接は、企業に直接自分をアピールできる大事な機会である。それだけに最も緊張する局面でもある。模擬面接などを活用して、できるだけ多く場数を踏んでおこう。

● 主な面接試験の種類

個人面接

学生１人に対して、面接官が１人もしくは複数で行う。複数の場合は、１人の面接官が質問している間に、他の面接官が話し方だけでなく態度もチェックしているので注意しよう。

集団面接

３～５人の学生に対し、面接担当者１人もしくは複数で行う。複数の中で自分を特にアピールする必要があるが、無理に目立とうとして、場の雰囲気を乱しては、逆にマイナスとなるので注意。

グループディスカッション

５～10人程度の学生同士で、与えられたテーマについて議論する形式。司会や進行なども学生が行う。議論に勝つかどうかではなく、協調性やコミュニケーション能力、論理的思考力などをチェックするための試験である。

★面接官の聞きたいこと★

面接の中で問われるのは、以下の５つ

①コミュニケーション能力
②仕事の内容の理解度
③志望度
④就職観
⑤性格・価値観

以上の中で、特に大事なのがコミュニケーション能力である。答える内容はもちろんであるが、「質問の意図を理解できているか」「考えていることを適切に伝えられているか」がチェックされるのである。

Part 3

人文科学

・よく出る漢字の読み書き、類義語と対義語、ことわざ・慣用句など
・英語の構文・熟語、英文法、基本文型と時制、ビジネス英会話など
・日本の主要データと地勢、世界の大陸、海洋、産業など
・縄文時代から昭和までの日本の歴史、４大文明、世界の現代までの歴史
・日本文学の作家と作品、世界文学の作家と作品、哲学・思想

21 漢字の読み・書き

ここだけ押さえる！

▶特によく出る特殊な読みをする漢字　読み書き両方できるようにしよう。

禁物《きんもつ》　早業《はやわざ》　吹雪《ふぶき》　日和《ひより》　生地《きじ》　意気地《いくじ》　など

▶よく出る間違えやすい漢字の送り仮名

一度間違えて覚えてしまうとそのまま記憶に残ってしまうので、ここでしっかりと覚えよう。

煩《わずら》わしい　瞬《またた》く　整《ととの》える　など

▶同音同訓異字のよくある誤用　例文を使って意味を確認しながら覚えよう。

それは衆知の事実だ。×衆知→○周知（周りの人はみんな知っているということ）

▶よく出る漢字の読み　ニュースによく出てくる言葉などが多い。

更迭《こうてつ》　破綻《はたん》　隠密《おんみつ》　弾劾《だんがい》　畏怖《いふ》　など

▶特によく出る特殊な読みをする漢字

果物《くだもの》　和尚《おしょう》　時雨《しぐれ》　紅葉《もみじ》　留守《るす》

成就《じょうじゅ》　弱音《よわね》　会得《えとく》　発起《ほっき》　叔母《おば》

強引《ごういん》　雪崩《なだれ》　解熱《げねつ》　心地《ここち》　太刀《たち》

声に出して読みながら書くと覚えやすい。

▶よく出る間違えやすい漢字の送り仮名

慮《おもんぱか》る　侮《あなど》る　脅《おびや》かす　滴《したた》る　挑《いど》む

翻《ひるがえ》す　災《わざわ》い　衰《おとろ》える　承《うけたまわ》る　募《つの》る

携《たずさ》わる　赴《おもむ》く　難《むずか》しい　阻《はば》む　屈《かが》む

顧《かえり》みる　賄《まかな》う　陥《おとしい》れる　挫《くじ》ける　疎《うと》い

送り仮名の前で切って読んで、送る語を覚える。

▶ 同音同訓異字のよくある誤用

卒業して会社に務める。×務める→○勤める（仕事に従事すること）

来年の仕事初めは１月８日だ。×初め→○始め（物事が行われだすこと）

美術館で日本画を観賞する。×観賞→○鑑賞（芸術作品を深く味わうこと）

事件の早期解決を計る。×計る→○図る（いろいろと試みる、企てること）

野菜の促成栽培を始める。×裁培→○栽培（植物を育てること）

彼は卒直な意見を述べる。×卒直→○率直（飾り気がなく､ありのままなこと）

きちんと税金を収める人が少ない。×収める→○納める（金品を受取人に渡すこと）

団塊の世代を対照に調査する。×対照→○対象（行為や活動が向けられる相手）

入学試験の回答用紙を配る。×回答→○解答（試験、クイズなどに答えること）

友人に本を借す。×借す→○貸す（返してもらう約束で物品を渡すこと）

迷惑をかけたことを誤る。×誤る→○謝る（わびること）

そのニュースには感心がある。×感心→○関心（ある物事に興味を持つこと）

品質補償書の日付を確認する。×補償→○保証（大丈夫であると責任を持つこと）

「収入」「納品」など音読みの熟語にするとヒントになる。

▶ よく出る漢字の読み

柔和《にゅうわ》	支度《したく》	遂行《すいこう》	会釈《えしゃく》	忌避《きひ》	煙管《きせる》
横柄《おうへい》	把握《はあく》	湖沼《こしょう》	躍如《やくじょ》	措置《そち》	祝詞《のりと》
逝去《せいきょ》	罷免《ひめん》	漏洩《ろうえい》	礼賛《らいさん》	知己《ちき》	台詞《せりふ》
曲者《くせもの》	凡例《はんれい》	享楽《きょうらく》	真摯《しんし》	糧《かて》	気障《きざ》
画策《かくさく》	久遠《くおん》	謀反《むほん》	定石《じょうせき》	欠伸《あくび》	蚊帳《かや》
安穏《あんのん》	本望《ほんもう》	吹聴《ふいちょう》	懐《ふところ》	生憎《あいにく》	健気《けなげ》
進捗《しんちょく》	曖昧《あいまい》	捺印《なついん》	翻訳《ほんやく》	出納《すいとう》	土産《みやげ》

特別な読み方をするものが多いので注意しよう。

20 生物・地学 ← P88・89 解答

1 ①食物連鎖　②生産者　③消費者　④分解者　⑤維管束　⑥コケ植物　⑦藻類（⑥、⑦順不同）
⑧種子植物　⑨シダ植物　⑩胞子　⑪裸子　⑫被子　⑬二酸化炭素　⑭酸素　⑮哺乳類　⑯鳥類
⑰は虫類　⑱両生類　⑲魚類　⑳恒温　㉑変温　㉒優性の法則　㉓DNA　㉔二重らせん

2 ①恒星　②惑星　③衛星　④水星　⑤金星　⑥火星　⑦木星　⑧土星　⑨天王星　⑩海王星
⑪公転　⑫自転　⑬46億　⑭１　⑮１　⑯月　⑰４万　⑱70　⑲30　⑳10

練習問題 21 漢字の読み・書き

1 漢字の書きについて、次の問いに答えなさい。

(1) 次の各文のカタカナを漢字に直しなさい。

- ①あっという間のハヤワザ。
- ②庭にモミジを植える。
- ③医者にゲネツ剤をもらう。
- ④考えをゴウインに押し通す。
- ⑤お見舞いにクダモノを買う。
- ⑥油断はキンモツである。
- ⑦オショウの念仏を聞く。
- ⑧馬の乗り方をエトクする。
- ⑨同窓会のホッキ人になる。
- ⑩子どもにルス番をさせる。
- ⑪ヨワネをはく。
- ⑫夕方にシグレが降った。
- ⑬ナダレに注意して山に登る。
- ⑭上等のキジを使った着物。
- ⑮タチ持ちの相撲《すもう》取り。
- ⑯念願がジョウジュする。
- ⑰花見には絶好のヒヨリだ。
- ⑱イクジなしになるな。

(2) 次のカタカナを送り仮名も含めて漢字に直しなさい。

- ①オゴソカ
- ②サカラウ
- ③ナゴム
- ④イチジルシイ
- ⑤ココロヨイ
- ⑥ウトイ
- ⑦トドコオル
- ⑧スコヤカ
- ⑨タワムレル
- ⑩ワズラワシイ
- ⑪ツノル
- ⑫ウラメシイ
- ⑬マタタク
- ⑭オモンパカル
- ⑮オモムク
- ⑯カエリミル
- ⑰タズサワル
- ⑱イロドル
- ⑲ナグサメル
- ⑳アナドル
- ㉑イサギヨイ
- ㉒ヒルガエス
- ㉓トトノエル
- ㉔マヌカレル
- ㉕オトシイレル
- ㉖シタタル
- ㉗アズケル
- ㉘ワザワイ
- ㉙メズラシイ
- ㉚ムズカシイ

❷ 漢字の誤用と読みについて、次の問いに答えなさい。

(1) **次の各文の中で、誤用されている語がなければ□に○と書き、あればその語に×を書き□に正しく書き直しなさい。**

□ ①野菜の促成栽培。

□ ②きちんと税金を収める。

□ ③貸した本を返してもらう。

□ ④団塊の世代を対照にする。

□ ⑤それは衆知の事実だ。

□ ⑥仕事初めは7日だ。

□ ⑦定年まで勤めた会社。

□ ⑧生命保健に加入した。

□ ⑨彼は卒直な意見を述べる。

□ ⑩美術館で絵画を観賞する。

□ ⑪鳥の写真を取るのが趣味だ。

□ ⑫長年の功積が認められた。

□ ⑬習得物を警察に届ける。

□ ⑭事件の早期解決を計る。

(2) **次の下線の熟語の読みを書きなさい。**

□ ①与えられた任務を<u>遂行</u>する。→

□ ②<u>安穏</u>な生活を送る。→

□ ③海外旅行の<u>支度</u>をする。→

□ ④自分の手柄を、あちこちで<u>吹聴</u>する。→

□ ⑤社外に個人情報が<u>漏洩</u>してしまった。→

□ ⑥<u>真摯</u>な態度で仕事をする。→

もう一押し

動植物の名前

秋刀魚(さんま)　蝸牛(かたつむり)　蜘蛛(くも)　栗鼠(りす)　烏賊(いか)
紫陽花(あじさい)　蕪(かぶ)　南瓜(かぼちゃ)　撫子(なでしこ)　苺(莓)(いちご)
枇杷(びわ)　向日葵(ひまわり)　生姜(しょうが)　糸瓜(へちま)　菫(すみれ)
玉蜀黍(とうもろこし)　山茶花(さざんか)　欅(けやき)　亀(かめ)　梨(なし)

22 類義語・対義語

ここだけ押さえる！

▶対義語の構成

(1) 相反・対応する漢字の組み合わせ

上昇↔下降　増進↔減退　増加↔減少　拡大↔縮小　延長↔短縮

(2) 相反・対応する漢字を含むもの

干潮↔満潮　急性↔慢性　有限↔無限　善意↔悪意　偶数↔奇数

(3) 打ち消しの文字を用いたもの

可決↔否決　便利↔不便　平凡↔非凡　肯定↔否定　既知《きち》↔未知

(4) 漢字どうしの関連はないが対義語になるもの

具体↔抽象　理想↔現実

▶難しい読み方の類義語・対義語

類義語：　遺憾《いかん》＝残念　謙遜《けんそん》＝謙虚・謙譲　懸念《けねん》＝心配

対義語：　繁忙《はんぼう》↔閑散　弛緩《しかん》↔緊張　陳腐《ちんぷ》↔新奇

弛緩：ゆるむ、たるむこと

陳腐：ありふれていて、つまらないこと

▶一字が共通の類義語

有名＝著名	節約＝倹約	廃棄＝放棄	回顧＝回想	質問＝質疑
当惑＝困惑	嘲笑＝冷笑	案外＝意外	栄養＝滋養	改善＝改良
肝心＝肝要	寛大＝寛容	機知＝機転	静粛＝静寂	運送＝運搬
体験＝経験	筆記＝記述	才能＝能力	凶作＝不作	処置＝処理

類義語は典型的なものを数多く覚えよう！

▶よく出る類義語

便利＝重宝	同感＝共鳴	合点《がてん》＝納得	介入＝関与	使命＝任務
絶賛＝激賞	豊富＝潤沢	無口＝寡黙	計画＝意図	遺品＝形見
刊行＝出版	美点＝長所	寄与＝貢献	技量＝手腕	欠点＝短所
栄光＝名誉	互角＝対等	尾行＝追跡	自然＝天然	釈明＝弁解

借金＝負債　準備＝用意　推移＝変遷《へんせん》　専念＝没頭　沈着＝冷静
手本＝模範　度胸＝勇気　突然＝不意　薄情＝冷淡　消息＝音信

▶ 一字が共通の対義語

主観↔客観　玄人↔素人　赤字↔黒字　加速↔減速　公立↔私立
偶然↔必然　硬化↔軟化　過疎↔過密　遠心↔求心　原告↔被告
韻文↔散文　異質↔同質　相対↔絶対　異常↔正常　悲観↔楽観
起点↔終点　求職↔求人　加害↔被害　債権↔債務

言葉の意味も一緒に覚えてしまおう！

▶ よく出る対義語

抑制↔促進　質素↔華美　軽蔑《けいべつ》↔尊敬　承諾↔拒絶
架空↔現実・実在　簡略↔詳細・複雑
低俗↔高尚　緩慢↔急激　模倣《もほう》↔創造　生産↔消費

ゆっくりしていること　真似をすること

原因↔結果　依存↔自立　慎重↔軽率　和解↔決裂　自由↔束縛

他に頼ること

鋭敏↔鈍感　購入↔売却　破壊↔建設　白昼↔深夜　警戒↔油断
合成↔分解　安易↔困難　遺失↔拾得　勤勉↔怠惰《たいだ》　開始↔終了
過失↔故意　強硬↔柔軟　許可↔禁止　虚偽↔真実　形式↔内容
権利↔義務　需要↔供給　帰納↔演繹　自然↔人工　収入↔支出
興奮↔冷静　成功↔失敗　濃厚↔希薄　反抗↔服従　分散↔集中
膨張↔収縮　理論↔実践　統一↔分裂　優雅↔粗野　前進↔後退

21 漢字の読み・書き ⬅ P94・95 解答

1 (1) ①早業　②紅葉　③解熱　④強引　⑤果物　⑥禁物　⑦和尚　⑧会得　⑨発起　⑩留守　⑪弱音　⑫時雨　⑬雪崩　⑭生地　⑮太刀　⑯成就　⑰日和　⑱意気地

(2) ①厳か　②逆らう　③和む　④著しい　⑤快い　⑥疎い　⑦滞る　⑧健やか　⑨戯れる　⑩煩わしい　⑪募る　⑫恨めしい　⑬瞬く　⑭慮る　⑮赴く　⑯顧みる(省みる)　⑰携わる　⑱彩る　⑲慰める　⑳侮る　㉑潔い　㉒翻す　㉓整える(調える)　㉔免れる　㉕陥れる　㉖滴る　㉗預ける　㉘災い　㉙珍しい　㉚難しい

2 (1) ①裁培→栽培　②収める→納める　③○　④対照→対象　⑤衆知→周知　⑥初め→始め　⑦○　⑧保健→保険　⑨卒直→率直　⑩観賞→鑑賞　⑪取る→撮る　⑫功積→功績　⑬習得物→拾得物　⑭計る→図る

(2) ①すいこう　②あんのん　③したく　④ふいちょう　⑤ろうえい　⑥しんし

1　類義語・対義語について、次の問いに答えなさい。

(1)　次の熟語の対義語を下の［　　］の中から選んで書きなさい。

□ ①慢性↔［　　］　□ ②理想↔［　　］　□ ③下降↔［　　］

□ ④善意↔［　　］　□ ⑤延長↔［　　］　□ ⑥具体↔［　　］

□ ⑦無限↔［　　］　□ ⑧可決↔［　　］　□ ⑨既知↔［　　］

□ ⑩満潮↔［　　］　□ ⑪偶数↔［　　］　□ ⑫肯定↔［　　］

上昇　現実　急性　未知　抽象　悪意　奇数　有限　否定　短縮　干潮　否決

(2)　次の熟語の読みを（　　）に書き、①〜③はその類義語（＝）を、④〜⑥はその対義語（↔）を［　　］に書きなさい。

□ ①懸念（　　　　）＝［　　］　□ ②遺憾（　　　　）＝［　　］

□ ③謙遜（　　　　）＝［　　］　□ ④弛緩（　　　　）↔［　　］

□ ⑤繁忙（　　　　）↔［　　］　□ ⑥陳腐（　　　　）↔［　　］

2　類義語・対義語について、次の問いに答えなさい。

(1)　次の各組の熟語の意味が同じようなものになるように、［　　］に共通して当てはまる漢字を書きなさい。

□ ①［　　］大＝［　　］容（心が広いこと。思いやりがあること）

□ ②当［　　］＝困［　　］（困ってしまって、どうしていいかわからないこと）

□ ③［　　］顧＝［　　］想（昔のことを思うこと。過去を振り返ること）

□ ④才［　　］＝［　　］力（物事を理解し、それを実行する力）

□ ⑤栄［　　］＝滋［　　］（生き物が、生き、育つためにとるもの）

(2)　**次の各組の熟語の意味が反対のものになるように、［　］に共通して当てはまる漢字を書きなさい。**

□ ①加［　］↔減［　］　　□ ②偶［　］↔必［　］

□ ③［　］疎↔［　］密　　□ ④加［　］↔被［　］

□ ⑤原［　］↔被［　］　　□ ⑥［　］職↔［　］人

□ ⑦主［　］↔客［　］　　□ ⑧韻［　］↔散［　］

□ ⑨公［　］↔私［　］　　□ ⑩相［　］↔絶［　］

□ ⑪玄［　］↔素［　］　　□ ⑫異［　］↔同［　］

(3)　**次の熟語の対義語を下の［　］の中から選んで書きなさい。**

□ ①緻密↔［　］　　□ ②軽率↔［　］　　□ ③開始↔［　］

□ ④依存↔［　］　　□ ⑤拾得↔［　］　　□ ⑥高尚↔［　］

□ ⑦権利↔［　］　　□ ⑧架空↔［　］　　□ ⑨濃厚↔［　］

□ ⑩形式↔［　］　　□ ⑪抑制↔［　］　　□ ⑫集中↔［　］

柔軟	許可	油断	粗雑	債務	義務	合成	自立	供給	束縛	保守
緩慢	冷静	促進	過失	慎重	分散	実在	支出	軽蔑	優雅	成功
反対	鋭敏	後退	真実	遺失	反抗	安易	生産	分裂	低俗	希薄
購入	理論	和解	模倣	破壊	複雑	収縮	深夜	終了	損害	内容
華美	裕福	結果	承諾	怠惰						

覚えるコツ

類義語、対義語は言葉の構成要素をとらえてから覚えることが重要である。たとえば「深夜」＝「夜遅い」ならば、なぜ「深い」という漢字が使われたのかを考えてみる。現代とは違って、時間が経つにつれて、夜の闇《やみ》が深くなったかつての日本が想像でき、そのことが脳に、「深夜」という言葉の意味を覚える手がかりを与える。「深夜」に対する「白昼」は、明るい日中を「白」という色で表現していることを考えると、さらに印象深く脳に記憶される。

23 四字熟語

ここだけ押さえる！

▶ 二つの二字熟語の組み合わせが多い。この関係に注意して覚える。

(1) 二字熟語どうしが対等の関係で結びつく。

①二組が似た意味。　千変≒万化　完全≒無欠　粉骨《ふんこつ》≒砕身《さいしん》

②二組が対応する意味。　有名―無実

(2) 上の二字熟語が下の二字熟語へ、意味がかかる。

①主語と述語の関係。

主客《しゅかく》≒転倒：主客が転倒する。　君子―豹変　大器―晩成

②修飾・被修飾の関係になる。

首尾→一貫：首尾を一貫させる。　用意→周到：用意を周到にする。

(3) 四字が対等の関係で並ぶ。

花―鳥―風―月　春―夏―秋―冬　東―西―南―北

二字熟語の組み合わせが多いことを覚えておこう。

▶ 似た意味を持つ四字熟語

十人十色≒多種多様≒千差万別：一人一人、種々様々にみな違っていること。

▶ 反対の意味を持つ四字熟語

単純明快―物事が複雑でなく簡単で、すっきりしていること。

↕

複雑怪奇―複雑にして怪しく不思議なこと。

日進月歩―日に月に、間断なく進歩すること。

↕

一進一退―①進んだりあと戻りしたりすること。
②良くなったり悪くなったりすること。

四字熟語には韻を踏んだ調子のよいリズミカルなものも多い。声に出して読んで覚えよう！

▶ 数字が使われている四字熟語

[七《しち》]転《てん》[八《ばっ》]倒《とう》　[一《いち》]望《ぼう》[千《せん》]里《り》　[二]束[三]文　[一]長[一]短　朝《ちょう》[三《さん》]暮《ぼ》[四《し》]

四字熟語の出典は故事、古典からのものが多い。意味もつかんでおこう。

▶ 意味の難しい四字熟語

●漢字から意味の想像しにくい四字熟語

[我田引水《がでんいんすい》]―（自分の田にだけ水を引く）物事を自分に都合よく言うこと。

[巧言令色《こうげんれいしょく》]―口先がうまく、顔色をやわらげて人を喜ばせ、こびへつらうこと。

[付和雷同《ふわらいどう》]―自分に一定の見識がなく、ただ他の説にわけもなく賛成すること。

●漢字から意味の想像しやすい四字熟語

[一攫千金《いっかくせんきん》]―（大金をひとつかみで取る）労せずに一時に巨大な利を得ること。

[一刻千金]―大切な時や楽しい時は早く過ぎてしまうのを、惜しんで言う。

[一日千秋《いちじつせんしゅう》]―非常に思い慕うこと。また、待ち遠しいこと。

[前代未聞]―これまでに聞いたことのないような変わったことや大変なこと。

●動物にまつわる四字熟語

[馬耳東風《ばじとうふう》]―（馬の耳に東風が吹く）人の意見や批評などを、聞かないこと。

虎視眈々《こしたんたん》、鯨飲馬食《げいいんばしょく》など、ほかにも多数ある。覚えておこう！

▶ 注意すべき四字熟語の読み方

有象無象[うぞうむぞう]　九分九厘[くぶくりん]　言語道断[ごんごどうだん]

一朝一夕[いっちょういっせき]　千差万別[せんさばんべつ]　七転八起[しちてんはっき]

▶ 間違えやすい漢字

(×)　(○)	(×)　(○)	(×)　(○)
危機一発→危機一髪	絶対絶命→絶体絶命	公平無視→公平無私
五里夢中→五里霧中	短刀直入→単刀直入	難業苦業→難行苦行
心気一転→心機一転	無我無中→無我夢中	温古知新→温故知新
意味慎重→意味深長	異句同音→異口同音	勧善徴悪→勧善懲悪

22 類義語・対義語 ⇐ P98・99　解答

❶ (1) ①急性　②現実　③上昇　④悪意　⑤短縮　⑥抽象　⑦有限　⑧否決　⑨未知　⑩干潮　⑪奇数　⑫否定

(2) ①(けねん)[心配]　②(いかん)[残念]　③(けんそん)[謙虚]・[謙譲]　④(しかん)[緊張]　⑤(はんぼう)[閑散]　⑥(ちんぷ)[新奇]

❷ (1) ①寛　②惑　③回　④能　⑤養

(2) (P97で取り上げたもの以外にもあるので、代表的なものは覚えておこう) ①速(圧、法)　②然　③過　④害　⑤告　⑥求　⑦観(体、人)　⑧文　⑨立(設、営)　⑩対　⑪人　⑫質(性)

(3) ①粗雑　②慎重　③終了　④自立　⑤遺失　⑥低俗　⑦義務　⑧実在　⑨希薄　⑩内容　⑪促進　⑫分散

練習問題 23 四字熟語

1 四字熟語について、次の問いに答えなさい。

(1) 四字熟語を構成する二つの二字熟語の組み合わせについて、次の空欄を埋めなさい。

□ ①［　　］無欠　□ ②［　　］晩成　□ ③［　　］豹変

□ ④清廉［　　］　□ ⑤千変［　　］　□ ⑥主客［　　］

□ ⑦［　　］砕身　□ ⑧［　　］月歩　□ ⑨首尾［　　］

□ ⑩有名［　　］　□ ⑪［　　］懲悪　□ ⑫［　　］周到

(2) 数字が使われている四字熟語について、次の空欄を埋めなさい。

□ ①［　　］望［　　］里　□ ②［　　］長［　　］短

□ ③［　　］転［　　］倒　□ ④朝［　　］暮［　　］

□ ⑤［　　］束［　　］文　□ ⑥［　　］進［　　］退

2 四字熟語について、次の問いに答えなさい。

(1) 次の［　　］に当てはまる四字熟語を後の［　　］の中から選んで書きなさい。

□ ①［　　　　］の思いで待つ。

□ ②彼が人の話を聞くときはいつも［　　　　］だ。

□ ③多数派に［　　　　］する。

□ ④彼の行動は［　　　　］に過ぎて、公平性に欠ける。

□ ⑤［　　　　］の時を過ごす。

□ ⑥［　　　　］を夢見る。

□ ⑦［　　　　］の一大事が起こる。

□ ⑧［　　　　］な人に限って徳の少ないことがおうおうにしてある。

覚えにくい四字熟語は例文を使って意味も一緒に覚えていこう！

□ ⑨　　　　　　に書き立てた週刊誌の見出し。

□ ⑩　　　　　　な文章を書く。

針小棒大	前代未聞	一攫千金	付和雷同	一日千秋	無味乾燥
巧言令色	一刻千金	我田引水	馬耳東風		

(2)　次の四字熟語の読み方を書きなさい。

□ ①千差万別―　　　　□ ②言語道断―

□ ③有象無象―　　　　◇ ④一朝一夕―

□ ⑤九分九厘―

□ ⑥七転八起―

七転八倒（しちてんばっとう）と混同しないように

(3)　次の四字熟語の誤っている漢字を○で囲み、正しい漢字に直して□に四字すべてを書きなさい。

◎ ①温古知新―

昔のことを知ることで新しい知識・見解を得ること

□ ②異句同音―　　　　□ ③短刀直入―

□ ④心気一転―　　　　□ ⑤難業苦業―

◇ ⑥無我無中―　　　　◇ ⑦危機一発―

□ ⑧公平無視―　　　　□ ⑨意味慎重―

□ ⑩五里夢中―　　　　□ ⑪絶対絶命―

覚えるコツ

熟語は、ただ単に丸暗記するのではなく、漢字の組み合わせや、そのつながりを考えると覚えやすい。また、意味を理解しておくと、「覚えたつもりなのに…」ということもなくなる！　さらに、四字熟語の場合は音楽のようにリズムをつけて、声に出して読むと記憶に残りやすい。

24 ことわざ・慣用句・格言・名言

ここだけ押さえる！

▶よく使うが意味を間違えやすいことわざ

かわいい子には旅をさせよ
- （×）（かわいい）子には楽しい旅行をさせてあげなさい。
- （○）子供は甘やかして育てるより、手許《てもと》からはなしてつらい経験をさせ、世の中の辛苦をなめさせたほうがよい。

情けは人のためならず
- （×）情けは人のためにはならない。
- （○）情けを人にかければ、めぐりめぐって自分によい報いがくる。人に親切にすることは、結果として自分のためになる。

▶覚えておきたい慣用句

赤の他人　縁もゆかりもない　お茶を濁す　肝に銘《めい》ずる
さじを投げる　棚に上げる　手塩にかける　水を差す

▶同じ意味を持つことわざ

・弘法《こうぼう》にも筆の誤り＝猿も木から落ちる＝河童《かっぱ》の川流れ＝上手《じょうず》の手から水が漏れる―（得意なことでも油断すると失敗するということ）
・ぬかに釘《くぎ》＝豆腐《とうふ》にかすがい―（手ごたえのないこと）
・石橋をたたいて渡る＝転ばぬ先の杖《つえ》―（慎重に行動すること）

弘法大師《こうぼうだいし》（空海）のこと。筆の達人も字を書き間違えることがあるという意味

▶反対の意味を持つことわざ

・後は野となれ山となれ（自分がいなくなったあとのことには一切関知しないという態度のこと）↔立つ鳥跡を濁さず（自分がいなくなっても周囲に迷惑がかからないように気をつかう態度のこと）

ここに注意！
読み方も独特のものがあるので注意！

▶数字が使われていることわざ

・一寸の虫にも五分の魂　・盗人《ぬすっと》にも三分の理　・石の上にも三年
・仏の顔も三度（まで）　・三人寄れば文殊《もんじゅ》の知恵　・九死に一生を得る
・人の噂《うわさ》も七十五日　・千里の道も一歩から

文殊菩薩《ぼさつ》。知恵を司る菩薩

▶ 体の一部を表す漢字を用いた慣用句

目
- 目が利く（ものの価値がわかる） ・目がない（非常に好きである）
- 目をつける（興味を持って注目する）

耳
- 耳が痛い（弱点や失敗を指摘されて聞くのがつらい）
- 寝耳に水（思いがけない出来事に驚く）
- 耳を疑う（信じられないような話を聞いて、聞き違いではないかと思う）

鼻
- 鼻にかける（自慢する）
- 鼻であしらう（きちんと返事をしないで、いい加減にあつかう）

顔
- 顔を立てる（体面や名誉を傷つけないようにする）
- 顔から火が出る（恥ずかしくて顔が真っ赤になるさま）

▶ 生物の名前を用いた慣用句・ことわざ・格言

- 虻蜂《あぶはち》取らず＝二兎《にと》を追うものは一兎《いっと》をも得ず　・泣きっ面に蜂《はち》
- 飛んで火に入る夏の虫　・海老《えび》で鯛《たい》を釣る　・井の中の蛙《かわず》
- 亀《かめ》の甲より年の功　・蛙《かえる》の子は蛙＝瓜《うり》のつるに茄子《なすび》はならぬ↔鳶《とんび》が鷹《たか》を生む
- 猫に小判＝豚《ぶた》に真珠《しんじゅ》　・馬の耳に念仏　・馬が合う

（猫に小判：ものの価値がわからないことのたとえ）

▶ 格言・名言

どれも有名な言葉だ。意味がわからないものは必ず調べておこう。

- 「人間は考える葦《あし》である」―パスカル
- 「少年よ大志を抱け」―クラーク博士（札幌農学校）
- 「初心忘るべからず」―世阿弥《ぜあみ》
- 「和を以《もっ》て貴《とうと》しと為《な》し、さかうること無《な》きを宗《むね》とせよ」―聖徳太子

（さかうること：さからうこと）（宗と：「主と」の意味）

23 四字熟語 ← P102・103 解答

1 (1) ①完全　②大器　③君子　④潔白　⑤万化　⑥転倒　⑦粉骨　⑧日進　⑨一貫　⑩無実　⑪勧善　⑫用意

(2) ①一、千　②一、一　③七、八　④三、四　⑤二、三　⑥一、一

2 (1) ①一日千秋　②馬耳東風　③付和雷同　④我田引水　⑤一刻千金　⑥一攫千金　⑦前代未聞　⑧巧言令色　⑨針小棒大　⑩無味乾燥

(2) ①せんさばんべつ　②ごんごどうだん　③うぞうむぞう　④いっちょういっせき　⑤くぶくりん　⑥しちてんはっき

(3) ①古　温故知新　②句　異口同音　③短　単刀直入　④気　心機一転　⑤業　難行苦行　⑥無　無我夢中　⑦発　危機一髪　⑧視　公平無私　⑨慎重　意味深長　⑩夢　五里霧中　⑪対　絶体絶命

練習問題 24 ことわざ・慣用句・格言・名言

1 ことわざ・慣用句について、次の問いに答えなさい。

(1) **次のことわざの正しい意味を簡単に書きなさい。**

□ ①情けは人のためならず―（　　　　　　　　　　　　　　　　　　　）

□ ②かわいい子には旅をさせよ―（　　　　　　　　　　　　　　　　　）

(2) **次はいずれも慣用句を含む文である。［　　］の中に適切な言葉を入れなさい。**

◇ ①先生の言葉を［　　　　］に銘ずる。

◇ ②自分のことは［　　　　］に上げて文句を言う。

□ ③彼は［　　　　］の他人です。

□ ④すっかりいやになって［　　　　］を投げる。

□ ⑤彼女に問いつめられて［　　　　］を濁すことしか言えなかった。

□ ⑥縁も［　　　　］もない人に親切にする。

□ ⑦［　　　　］にかけて、わが子を育てる。

□ ⑧二人の間に［　　　　］を差す。

2 ことわざ・慣用句について、次の問いに答えなさい。

(1) **次の①～③のことわざと似た意味を表すことわざを（ア）～（オ）の中から選び、記号で答えなさい。（ただし、答えは一つとは限らない。）**

◎ ①ぬかに釘　［　　　　］

◎ ②石橋をたたいて渡る　［　　　　］

◎ ③弘法にも筆の誤り　［　　　　］

（ア）上手の手から水が漏れる　（イ）転ばぬ先の杖　（ウ）猿も木から落ちる

（エ）豆腐にかすがい　（オ）河童の川流れ

(2)　**次の文は、いずれも体の一部を表す語が入る慣用句である。□に入る適切な語を書きなさい。**

□ ①□が利く　□ ②□が痛い　□ ③□に汗を握る

□ ④□のつけどころがよい　□ ⑤寝□に水

□ ⑥□に負えない　□ ⑦甘いものに□がない

□ ⑧壁に□あり　□ ⑨重い□を上げる

□ ⑩□を丸くする　□ ⑪□をぬかす　□ ⑫□をかむ（後悔する）

□ ⑬□を立てる　□ ⑭□をすえる　□ ⑮□をこまねく

□ ⑯□から火が出る　□ ⑰才能を□にかける　□ ⑱□であしらう

(3)　**次の□に入る適切な生物の名前を答えなさい。**

□ ①はきだめに□　□ ②□が□を生む

□ ③二□を追うものは一□をも得ず

□ ④□の甲より年の功　□ ⑤能ある□は爪《つめ》を隠す

□ ⑥□の子は□　□ ⑦□が合う

□ ⑧□の耳に念仏　□ ⑨□□取らず

□ ⑩泣きっ面に□　□ ⑪□に小判

□ ⑫□も歩けば棒に当たる　□ ⑬飛んで火に入る夏の□

□ ⑭□□の仲

覚えるコツ

ことわざ、慣用句、格言、名言は、言葉をただ暗記しようとするのではなく、その言葉が使われている場面を想像して覚えることがコツである。たとえば、「豚に真珠」ならば、豚に真珠をプレゼントしている場面を想像すると、あまりの滑稽《こっけい》さに脳は刺激され、記憶に残りやすくなる。

25 構文・熟語

ここだけ押さえる！

▶ 否定疑問文…「はい」ならNoで、「いいえ」ならYesで答える！

Aren't you a soccer fan?　（あなたはサッカーファンではないのですか。）

「〜ではないのか」「〜しないのか」と否定的にたずねる文を否定疑問文という。

— Yes, I am.　（いいえ、ファンです。）

— No, I'm not.　（はい、ファンではありません。）

日本語の「はい」「いいえ」の使い方とは逆になる。

▶ 無生物主語…英語独特の表現に注意！

This bus will take you to the hospital.（このバスに乗れば、病院へ行けます。）

「物」が主語で、直訳すると「このバスはあなたを病院へ連れて行く。」となる。こなれた日本語にするために主語を「〜すると」「〜ならば」などと訳すのがポイント。

▶ 熟語…基本動詞を使った熟語をマスター！

基本的な動詞でも、前置詞や副詞などとの組み合わせで様々な意味を表す。

▶ その他、否定語を使った構文　＊no, never, nothing, nobody, none など

He has **no** money.　（彼はお金をまったく持っていない。）

→「no ＋名詞」で「１つの[少しの]〜もない」という意味。

Your brother **never** tells a lie.　（あなたのお兄さんは決して嘘をつかない。）

→never は「決して〜ない」という意味。

Nothing is more important than peace.　（平和より大切なものは何もない。）

→nothing は「何も〜ない」という意味。単数扱い。

There was **nobody** in the office.　（会社には誰もいなかった。）

→nobody は「誰も〜ない」という意味。単数扱い。

None of this money is yours.　（このお金はすべてあなたのものではない。）

→「none of ＋（複数）名詞」の形で「（〜のうちで）少しも[何ひとつ]…ない」という意味。

▶ 無生物主語でよく使われる動詞　＊make（〜させる）、bring（〜をもたらす）、prevent[keep]（妨げる）、remind（思い出させる）など

His long speech **made** me sleepy.　（彼の長い演説を聞いて、私は眠くなった。）

His performance **brought** us a brilliant victory.
（彼の活躍が私たちに輝かしい勝利をもたらした。）
Heavy snow **prevented** me from going out.（大雪のため、私は外出できなかった。）

▶ 熟語はここが重要！

take +

after ～	～に似ている＝resemble
～ for …	～を…だと思う
in ～	～を受け入れる、理解する
off ～	（衣類・靴など）を脱ぐ←→ put on ～
out ～	～を取り出す、持ち出す
～ out of …	…から～を取り出す
over ～	（事業・責任など）を引き継ぐ
to ～	～が好きになる
place	起こる、行われる

例文：You **take after** your mother.　（あなたはお母さんに似ている。）

熟語は例文と一緒に覚えるのがコツ。練習問題を解いてみよう！

get +

along (with ～)	（～と）何とかやっていく、折り合っていく
away	逃げ去る、立ち去る
in ～	入る、（車・タクシー）に乗り込む
off ～	（バス・列車・自転車など）から降りる
on ～	（バス・列車・自転車など）に乗る
out of ～	～から出る、逃れる
over ～	～を乗り越える、（困難など）を克服する
to ～	～に到着する
together	集まる

例文：She **got to** the station at five.　（彼女は5時に駅に着きました。）

24 ことわざ・慣用句・格言・名言 ← P106・107 解答

1 (1) ①人に情けをかけるとめぐりめぐって自分に返る。　②子供には世間の苦労をさせた方がよい。
(2) ①肝　②棚　③赤　④さじ　⑤お茶　⑥ゆかり　⑦手塩　⑧水

2 (1) ①（エ）　②（イ）　③（ア）（ウ）（オ）
(2) ①目（鼻、顔）②耳　③手　④目　⑤耳　⑥手　⑦目　⑧耳　⑨腰　⑩目　⑪腰　⑫ほぞ
⑬顔（腹）　⑭腹（腰）　⑮手　⑯顔（目）　⑰鼻　⑱鼻
(3) ①鶴　②鳶、鷹　③兎、兎　④亀　⑤鷹　⑥蛙、蛙　⑦馬　⑧馬　⑨虻、蜂　⑩蜂　⑪猫
⑫犬　⑬虫　⑭犬、猿

練習問題　25 構文・熟語

1 次の会話が成り立つように、下線部に語句を書き入れなさい。

□ ① A：________ you hungry?　（あなたはお腹がすいていないのですか。）

B：________, I ________.　（いいえ、すいています。）

□ ② A：________ you have a cellular phone?

（あなたは携帯電話を持っていないのですか。）

B：________, I ________.　（はい、持っていません。）

□ ③ A：________ he swim?　（彼は泳げないのですか。）

B：________, he ________.　（いいえ、泳げます。）

□ ④ A：________ she like music?　（彼女は音楽が好きではないのですか。）

B：________, she ________.　（はい、好きではありません。）

□ ⑤ A：________ Mike come to the party last night?

（マイクは昨夜、パーティーに来なかったのですか。）

B：________, he ________.　（いいえ、来ました。）

□ ⑥ A：________ this new bag yours?

（この新しいかばんは、あなたのものではないのですか。）

B：________, it ________.　（はい、私のものではありません。）

□ ⑦ A：________ you in Tokyo last week?

（あなたは先週、東京にいなかったのですか。）

B：________, I ________.　（いいえ、いました。）

2 日本語の意味に合うように、［　　］の動詞を適する形にして下線部に書き入れなさい。

□ ① That movie ________ her sad.（その映画を観て、彼女は悲しくなった。）

□ ② A few minutes' walk ________ us to the park.

（2、3分歩くと、私たちは公園に着いた。）

□ ③ Illness ________ him from coming to the office.

（病気のため、彼は出社することができなかった。）

□ ④ This song ________ me of my childhood.

（この歌を聴くと、私は幼年時代を思い出す。）

remind	bring	make	prevent

3 次の日本語の意味に合うように、下線部に語句を書き入れなさい。

□ ① She ________ a cellular phone ________ of the bag.
（彼女はかばんから携帯電話を取り出した。）

□ ② A wedding ceremony ________ ________ in this hotel last month.
（先月、このホテルで結婚式が行われた。）

□ ③ You ________ ________ your father. （あなたはお父さんに似ている。）

□ ④ How are you ________ ________ ________ the new neighbor?
（その新しい隣人とは仲良くやっていますか。）

□ ⑤ The picker ________ ________ from the crowd.
（そのスリは人混みから逃れ去った。）

□ ⑥ My son will ________ ________ the family business.
（私の息子が家業を継いでくれるだろう。）

□ ⑦ I ________ the woman ________ a Chinese.
（私はその女性を中国人と間違えた。）

□ ⑧ Call me when you ________ ________ the station. I'll pick you up.
（駅に着いたら電話してください。私が迎えに行きます。）

□ ⑨ He _______ _______ the train at Shinjuku, and _______ _______ at Shibuya.
（彼は新宿で電車に乗り、渋谷で降りた。）

□ ⑩ All employees must do their best to ________ ________ difficulties.
（困難を乗り越えるために、全社員が最善を尽くさねばならない。）

□ ⑪ Let's ________ ________ at the meeting room at three.
（3時に会議室に集まりましょう。）

もう一押し

be動詞を含む熟語

- be different from ～　～とは異なる
- be easy to ～　簡単に～できる
- be famous for ～　～で有名だ
- be good at ～　～が得意だ
- be interested in ～　～に興味がある
- be in trouble　困っている
- be likely to ～　～しがちである、～しそうである
- be named after ～　～にちなんで名づけられる
- be similar to ～　～に似ている
- be full of [filled with] ～　～でいっぱいである

be動詞を含む熟語では〈be＋形容詞＋前置詞～〉の形が多い。形容詞の意味を知っておくとわかりやすい。

26 基本の英文法 I

ここだけ押さえる！

▶ 5つの基本文型

英文はS（主語）、V（動詞）、C（補語）、O（目的語）の4つの要素から構成されている。動詞には2種類ある。自動詞は目的語をとらないもの。他動詞はその後に目的語がなくては文にならないもの。

・He replied to the question.
S V
（彼はその質問に答えた。）
← S＋Vで文になっている。to the question は修飾語句。

・Mr. Brown is a feminist.
S V C
（ブラウンさんは男女同権論者だ。）
← S＝Cの関係が成り立っている。Cは主語の状態を補う言葉。

・This factory produces cameras.
S V O
（この工場はカメラを生産する。）
← 「～を」「～に」に当たる名詞がO。

・He gave her a ticket.
S V O O
（彼は彼女に切符をあげた。）
← 「～に～を」というように目的語が2つある。

・I think the politician honest.
S V O C
（私はその政治家は正直だと思う。）
← O＝Cの関係が成り立っている。

▶ S＋V＋O＋Oの文型はS＋V＋Oの文型に書きかえができる

I told that man the way. = I told the way to that man.
O1 O2 O
（私はあの男の人に道を教えた。）

He bought his son a car. = He bought a car for his son.
O1 O2 O
（彼は息子に車を買ってあげた。）

書きかえた文の to that man、for his son は前置詞＋名詞。told、bought の目的語ではなく修飾語句で、これらの文は目的語が1つしかないS＋V＋Oの文型である。

► S＋V＋Oの文型に書きかえるとき、動詞によって使う前置詞が異なる

・前置詞に to を使う動詞

give（与える）　hand（手渡す）　lend（貸す）　offer（提供する）　pass（手渡す）
pay（支払う）　sell（売る）　send（送る）　show（見せる）　tell（告げる）

I sent Mr.Tanaka the letter. ＝ I sent the letter to Mr.Tanaka.
（私は田中さんにその手紙を送った。）

・前置詞に for を使う動詞

choose（選ぶ）　cook（料理する）　find（見つける）　get（手に入れる）
leave（残しておく）　make（作る）

My father cooked us lunch. ＝ My father cooked lunch for us.
（私の父は私たちに昼食を作ってくれた。）

► 命令文

命令文は命令・依頼・警告・禁止などを表し、動詞の原形を使う。

・**Be** careful not to drop your wallet.
（財布を落とさないように気をつけなさい。）

・**Don't waste** your time and money.
（時間と金を浪費するな。）

禁止を表す命令文は〈Don't ＋動詞の原形〉で始める。

► 感嘆文

「なんと～！」のように感動したり、びっくりしたときに使う。

〈How ＋ 形容詞 / 副詞 ＋ 主語 ＋ 動詞！〉

〈What ＋（冠詞 a[an]）＋ 形容詞 ＋ 名詞 ＋ 主語 ＋ 動詞！〉

・**How** cute the lady is!　（その女性はなんてかわいいんだろう。）

・**What** a beautiful flower this is!　（これはなんてきれいな花でしょう。）

25 構文・熟語 ← P110・111　解答

1 ①Aren't, Yes, am　②Don't, No, don't　③Can't, Yes, can
④Doesn't, No, doesn't　⑤Didn't, Yes, did　⑥Isn't, No, isn't　⑦Weren't, Yes, was

2 ①made　②brought　③prevented　④reminds

3 ①took, out　②took place　③take after[look like]　④getting along with　⑤got away
⑥take over　⑦took, for　⑧get to　⑨got on, got off　⑩get over　⑪get together

練習問題 26 基本の英文法 I

1 次の文が成り立つように、下線部に語句を書き入れなさい。

(1) **基本文型**

□ ① We will ________ a meeting tomorrow.
(私たちは明日会議に出席する。)

◈ ② My mother ________ sad.（母は悲しそうだ。）

□ ③ He ________ your opinion.
(彼はあなたの意見を尊重する。)

□ ④ He ________ a lot of ________ on the table.
(彼はたくさんの荷物をテーブルに置いた。)

□ ⑤ She always ________ ________ by car.
(彼女はいつも車で買い物に行く。)

□ ⑥ My older brother ________ in New York.
(私の兄はニューヨークにいる。)

◈ ⑦ He ________ an astronaut. （彼は宇宙飛行士になった。）

□ ⑧ He will ________ ________ an opportunity.
(彼は彼女に機会を与えるつもりだ。)

□ ⑨ These flowers ________ sweet.
(これらの花はいい匂いがする。)

◈ ⑩ My aunt ________ a cake ________ me. = My aunt ________ me a cake.
(私のおばは私にケーキを作ってくれた。)

□ ⑪ I ________ my son these pictures.
= I ________ these pictures ________ my son.
(私は息子にこれらの写真を見せた。)

□ ⑫ We ________ her Lily.
(私たちは彼女をリリーと呼ぶ。)

□ ⑬ Her smile ________ us ________ .
(彼女の笑顔は私たちを幸せにしてくれる。)

□ ⑭ She ________ calm. （彼女は冷静なままだった。）

□ ⑮ The leaves ________ red. （葉は赤くなった。）

(2) 命令文

□ ① ________ courteous to the customers.
(お客様に対して礼儀正しくしなさい。)

□ ② ________ quiet in the library. (図書館の中では静かにしなさい。)

□ ③ ________ forget to bring your umbrella when you leave.
(出かけるときにかさを忘れてはいけない。)

□ ④ ________ up, or you will miss the train.
(急ぎなさい、さもないとその電車に乗り遅れますよ。)

□ ⑤ ________ what I have in my hand. (私が手に何を持っているか当てて。)

(3) 感嘆文

□ ① ________ cute the woman is!
(その女性は、なんてかわいいのでしょう。)

□ ② ________ a beautiful flower this is!
(これは、なんてきれいな花でしょう。)

□ ③ ________ boring this lecture is!
(この講義はなんて退屈なんだろう。)

□ ④ ________ a bad cough she has!
(彼女はなんてひどい咳《せき》をするんだろう。)

□ ⑤ ________ hard the wind blew! (風の吹いたのなんの。)

もう一押し

●SVOOの文型からSVOの文型への書きかえで注意！
The man asked me a difficult question.
= The man asked a difficult question of me. ask は前置詞に of を使う。
(その男の人は私に難しい質問をした。)

●SVOCの文型で使われる主な動詞
keep O C (OをCに保つ)　leave O C (OをCのままにしておく)
want O C (OがCであることを望む)　make O C (OをCにする)
call O C (OをCと呼ぶ)　name O C (OをCと名付ける)
believe O C (OをCだと信じる)　find O C (OがCだとわかる)

27 基本の英文法Ⅱ

ここだけ押さえる！

▶ 時制……現在、過去、未来のことを動詞で表す。

・現在形　He **writes** a letter to her.……今の状態、いつもしていることを表す。

⬇　（彼は彼女に手紙を書く。）

・過去形　He **wrote** a letter to her.……過去のことを表す。

⬇　（彼は彼女に手紙を書いた。）

・未来形　He **will write** a letter to her.……これから起こることを表す。

（彼は彼女に手紙を書くつもりだ。）

▶ 進行形〈be動詞＋動詞のing形〉で表す。

・現在進行形……今この時点でしていることを表す。

He is writing a letter to her now.　（彼は今彼女に手紙を書いている。）

・過去進行形……過去のあるときの動作の進行を表す。

He **was writing** a letter to her then.

（彼はそのとき彼女に手紙を書いていた。）

▶ 完了形〈have / has / had ＋過去分詞〉で表す。

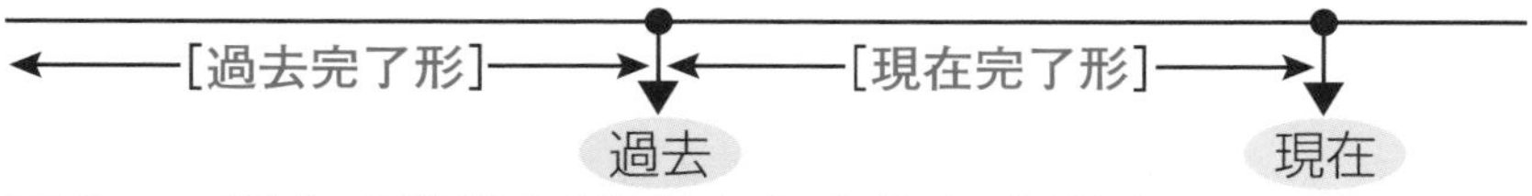

・現在完了形……現在を基準に過去からのことを表す。

He **has just written** a letter to her.

（彼はちょうど彼女に手紙を書き終わったところだ。）

・過去完了形……過去のあるときを基準にして、それより前からのことを表す。

He **had already written** a letter to her when I visited him.

（私が彼を訪れたとき、彼はもう彼女に手紙を書き終わっていた。）

▶ 現在形で表現する

①不変の真理や一般的な事実　Water boils at 100℃.（水は100度で沸騰する。）

②現在の状態

My house stands on a hill.（私の家は丘の上に建っている。）

③反復的動作

He plays tennis once a week.（彼は週に一度テニスをする。）

④確定的な未来のこと

The train leaves here at 10:27.（その電車はここを10時27分に出発する。）

未来のことでも確定していることであれば現在形を使って表す。

▶過去形で表現する

①歴史上の事実……いつも過去形で表す。

We learned that an assassin killed Lincoln.（私たちは暗殺者がリンカーンを殺したことを学んだ。）

「学んだ」より「殺した」の方が前に起きたことだが、had killed にしない。

▶未来を表す表現

①will を使った表現

It will rain tomorrow.（明日は雨が降るだろう。）

未来の状態の予測や未来に起こりそうなことを表すときは〈will ＋動詞の原形〉で表す。

②be going to を使った表現

I'm going to go to the sea tomorrow.（私は明日海に行くつもりだ。）

③その他の未来を表す表現

現在形の④参照。

I am leaving my native town tomorrow.（私は明日、生まれ故郷の町をあとにする。）

現在進行形で未来を表すこともある。

▶進行形にできない動詞……状態を表す動詞

believe（信じている）　belong to ～（～に属している）　forget（忘れる）

have（持っている）　hear（聞こえる）　know（知っている）　like（好きだ）

▶現在分詞（動詞のing形）の作り方

・〈子音字＋e〉で終わる動詞はeを除いてingをつける。

come ⇒ coming　give ⇒ giving　make ⇒ making

・ieで終わる動詞はieをyに変えてingをつける。

die ⇒ dying　lie ⇒ lying　tie ⇒ tying

26 基本の英文法Ⅰ ← P114・115 解答

1 (1) ①attend　②looks　③respects　④put, baggage　⑤goes shopping　⑥is　⑦became　⑧give her　⑨smell　⑩made, for, made　⑪showed, showed, to　⑫call　⑬makes, happy　⑭remained　⑮turned

(2) ①Be　②Be　③Don't　④Hurry　⑤Guess　(3) ①How　②What　③How　④What　⑤How

練習問題 27 基本の英文法Ⅱ

1 次の英文が成り立つように、下線部に語句を書き入れなさい。

(1) **現在形**

□ ① The houses on this street ________ costly. (この通りの家は値段が高い。)

□ ② He ________ ________ a walk every evening. (彼は毎晩散歩に行く。)

□ ③ Water ________ at 100℃. (水は100度で沸騰する。)

□ ④ The moon ________ around the earth. (月は地球の周りをまわっている。)

(2) **現在進行形**

□ ① The noise ________ annoying them. (騒音は彼らを悩ませている。)

□ ② They ________ ________ lunch now. (彼らは今、昼食を食べている。)

□ ③ ________ the city flourishing? (その市は繁栄していますか。)

□ ④ A strong wind ________ ________ today. (今日は強い風が吹いていない。)

(3) **過去形**

□ ① I ________ economy with him. (私は彼と経済について論じた。)

□ ② I ________ my grandmother last week. (先週、私は祖母を訪ねた。)

□ ③ She ________ on her coat. (彼女は上着を着た。)

□ ④ Father ________ a newspaper this morning. (父は今朝新聞を読んだ。)

(4) **過去進行形**

□ ① When I came home, my mother ________ ________ supper.
(私が帰宅したとき、私の母は夕食を作っていた。)

□ ② He ________ ________ a letter to her then. (彼はそのとき彼女に手紙を書いていた。)

□ ③ ________ they ________ TV then? (彼らはそのときテレビを見ていたのですか。)

□ ④ We ________ ________ a birthday cake for our mother.
(私たちは母のためにバースデーケーキを作っていた。)

(5) **未来形**

□ ① I'm ________ ________ go to the sea tomorrow. (私は明日、海に行くつもりです。)

□ ② ________ you ________ ________ be an astronaut?
(あなたは宇宙飛行士になるつもりですか。)

□ ③ I ________ ________ on you this evening if it is convenient for you.
(もし、ご都合がよろしければ、今晩お伺いします。)

□ ④ It ________ ________ fun to go camping.
（キャンプに行くのはおもしろいだろう。）

□ ⑤ You ________ ________ sorry for it later.
（あなたはそのことをあとで後悔するだろう。）

(6) **現在完了形**

□ ① We ________ ________ her since we were children.
（私たちは子どものときから彼女を知っている。）

□ ② ________ you ever ________ to England?
（あなたはイギリスに行ったことがありますか。）

□ ③ They ________ ________ her since they graduated.
（彼らは卒業以来彼女に会っていない。）

□ ④ He ________ just ________ a letter to her.
（彼はちょうど彼女に手紙を書いたところだ。）

□ ⑤ She ________ ________ to London. （彼女はロンドンに行ってしまった。）

(7) **過去完了形**

□ ① I ________ ________ about him before I first met him.
（彼に初めて会う前から、うわさは聞いていた。）

□ ② She ________ ________ two books by noon.
（彼女は昼までに２冊の本を読んだ。）

□ ③ I ________ ________ a statesman till then.（私はそのときまで政治家だった。）

□ ④ He ________ already ________ a letter to her when I visited him.
（私が彼を訪れたとき、彼はもう彼女に手紙を書き終えていた。）

□ ⑤ She ________ hardly ________ home when it began to rain.
（彼女が家を出るか出ないうちに雨が降り始めた。）

もう一押し

willの特別な表現

・依頼、勧誘を表す

Will you open the window?	（窓を開けてくれませんか。）
Will you please pass me the salt?	（塩をとってくれませんか。）
Won't you have some more tea?	（お茶をもっと召し上がりませんか。）

28 ビジネス英会話

ここだけ押さえる！

▶電話でのあいさつと自己紹介

Hello. This is ○○.

（お世話になります。私は○○（名前）と申します。）

電話で自分の名前を言うとき、I am ～. は使わない。

▶よく使われる応対例

I'm afraid ○○ is on a business trip.

（申し訳ございませんが、○○は出張中です。）

次に望ましくない内容を伝えるときは I'm afraid ～. を使う。

◆「お世話になります」「恐れ入りますが…」など、日本語独特の言い回しを直訳しても、会話が成り立たないことが多い。このような表現はシンプルな言い方で表そう。コツさえ押さえれば、会話がスムーズに進む。

▶電話での対話例(1)…簡単な用件を伝える

A：Hello. TOP Corporation.

B：Hello. ① **This is** Makoto Takahashi from Seattle Computers. ② **I'd like to speak to** Mr. Smith.

A：③ **May I ask** what this is in reference to?

B：I'd like to talk about the next meeting.

A：④ **Hold the line, please.** I'll connect you.

〈日本語訳〉

A：もしもし。TOPコーポレーションです。

B：お世話になります（もしもし）。シアトルコンピューターの高橋誠①と申します。スミスさん②はいらっしゃいますでしょうか？

A：ご用件をお伺いしても③よろしいでしょうか？

B：次の会議のことでお話ししたいことがございます。

A：④お待ちくださいませ。おつなぎいたします。

▶電話での対話例(2)…相手が不在のときに、簡単な伝言を残す

A：Hello. TOP Corporation.

B：Hello. This is Makoto Takahashi from Seattle Computers. I'd like to speak to Mr. Smith.

A：① **Just a moment, please.** ② **I'm afraid** he is on a business trip.

B：Could you please tell me when he will be back?

A：Yes, certainly. He won't be back until Monday. ③ **Would you like to leave a message?**

B：Is there any way to get in touch with him? It's urgent.

A：Sure. I'll try to contact with him and have him call you ④ **as soon as possible**.

〈日本語訳〉

A：もしもし。TOPコーポレーションです。

B：お世話になります（もしもし）。シアトルコンピューターの高橋誠と申します。スミスさんはいらっしゃいますでしょうか？

A：①少々お待ちください。②申し訳ございませんが、スミスはただいま出張中です。

B：いつごろ戻られるか、おわかりでしょうか？

A：はい。月曜日には戻ります。③ご伝言を承っておきましょうか？

B：なんとか、ご連絡はつきませんでしょうか？　緊急なんです。

A：かしこまりました。では、連絡をとりまして、④できるだけ早く、お電話を差し上げるようにいたします。

▶覚えておきたい重要語句

・Hello.　もしもし。お世話になります。
・in reference to ～　～に関して
・be in a meeting　会議中である
・I'm afraid ～.　申し訳ございませんが～。
・urgent　緊急の
・get in touch with ～　～と連絡をとる
・as soon as possible　できるだけ早く
・extension　内線
・be on a business trip　出張中である
・available　応じられる

27 基本の英文法Ⅱ ← P118・119 解答

1 (1) ①are ②goes for ③boils ④goes
(2) ①is ②are having [eating] ③Is ④isn't blowing
(3) ①discussed ②visited ③put ④read
(4) ①was cooking [making] ②was writing ③Were, watching ④were making
(5) ①going to ②Are, going to ③will call ④will be ⑤will be
(6) ①have known ②Have, been ③haven't seen [met] ④has, written ⑤has gone
(7) ①had heard ②had read ③had been ④had, written ⑤had, left

練習問題 28 ビジネス英会話

1 次の会話が成り立つように、下線部に語句を書き入れなさい。

(1) A：① ________ . TOP Corporation.（もしもし。TOPコーポレーションです。）

B：② ________ . ________ ________ Makoto Takahashi from Seattle Computers.

（お世話になります。シアトルコンピューターの高橋誠と申します。）

I'd like to ________ to Mr. Smith.

（スミスさんはいらっしゃいますでしょうか？）

A：③ May I ask what this is ________ ________ ________ ?

（ご用件をお伺いしてもよろしいでしょうか？）

B：④ I'd like to ________ about the next ________ .

（次の会議のことでお話ししたいことがございます。）

A：⑤ ________ the line, please. I'll ________ you.

（お待ちくださいませ。おつなぎいたします。）

(2) A：Hello. TOP Corporation.

B：Hello. This is Makoto Takahashi from Seattle Computers.

I'd like to speak to Mr. Smith.

A：① ________ ________ ________ , please. ________ ________ he is on a ________ trip.

（少々お待ちください。申し訳ございませんが、スミスはただ今出張中です。）

B：② Could you please tell me when he will be ________ ?

（いつごろ戻られるか、おわかりでしょうか？）

A：③ Yes, ________ . He won't be back ________ Monday.

（はい。月曜日には戻ります。）

Would you like to ________ ________ ________ ?

（ご伝言を承っておきましょうか？）

B：④ Is there any way to ________ in ________ with him? It's ________ .

（なんとか、ご連絡はつきませんでしょうか？　緊急なんです。）

A：⑤ Sure. I'll try to ________ ________ him and have him call you ________ ________ ________ ________ .（かしこまりました。では、連絡をとりまして、できるだけ早く、お電話を差し上げるようにいたします。）

❷ 次の対話を完成させなさい。

① A：Hello, may I speak to Mr. Tanaka?

B：申し訳ございません。田中は火曜日まで出張中です。

I'm ________ he's ________ ________ ________ ________ until ________ .

② A：Hello, Penguin Company. May I help you?

B：私は山本花子と申します。ブラウンさんはいらっしゃいますか？

________ ________ Hanako Yamamoto. I'd ________ ________ ________ ________ Mr. Brown.

③ A：どういったご用件でしょうか？

Could I ________ ________ ________ ________ ________ ________?

B：I'd like to talk about today's meeting.

④ A：少々お待ちください。

________ ________ ________ , please.

申し訳ございませんが、ただ今席をはずしております。

I'm ________ he is ________ ________ ________ ________ .

⑤ B：Could you please tell me when he will be back?

A：１時間ほどで戻ると思います。ご伝言を承っておきましょうか？

I think he ________ ________ ________ in ________ ________ ________ ________ . Would you like to ______ ______ ________?

B：Yes, please tell him to call me back as soon as possible.

もう一押し

ビジネスや電話でよく使うフレーズ

- **Hold on** a moment, please.　少々お待ちください。
- Please **hold** while I **transfer your call**.　おつなぎしますので、そのままお待ちください。
- **Could I ask** what you are calling about?　どういったご用件でしょうか？
- **I'm afraid** he's/she's **on a business trip** until Wednesday.
  申し訳ございませんが、水曜日まで出張中です。
- **I'm afraid** he's/she's **tied up in a meeting.**　申し訳ございませんが、ただ今、会議中です。
- **I'm afraid** he's/she's **not here** right now.　申し訳ございませんが、ただ今、席をはずしております。
- I'm sorry to have kept you waiting.　お待たせして申し訳ありません。

29 日本地理

ここだけ押さえる！

▶日本の主要データ

日本の構成—北海道、本州、四国、九州と周辺の多数の島からなる。

4つの海—オホーツク海、日本海、東シナ海、太平洋に囲まれている。

日本の端—択捉島《えとろふ》（北端：北海道）、南鳥島（東端：東京都）、沖ノ鳥島（南端：東京都）、与那国《よなぐに》島（西端：沖縄県）

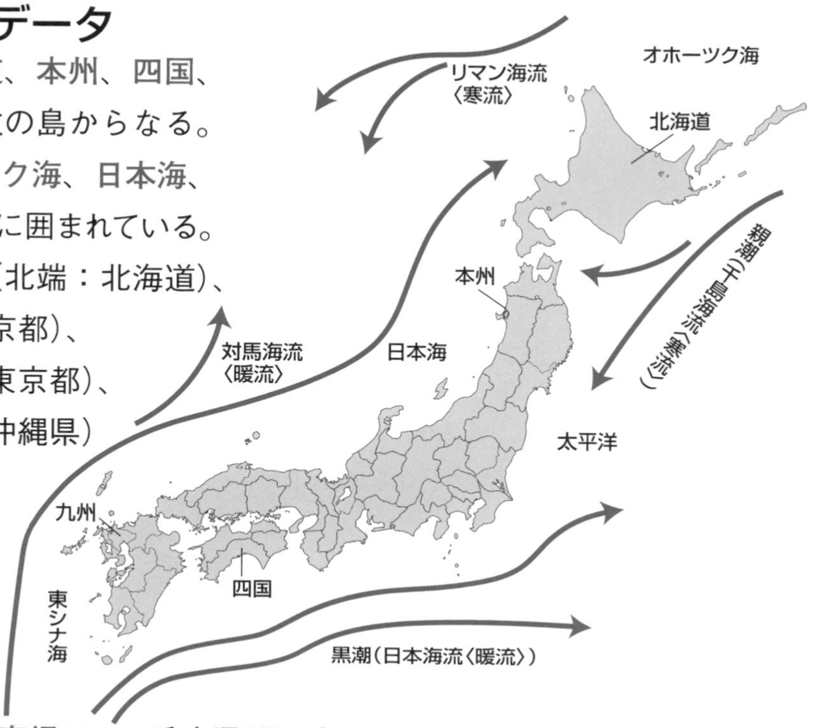

日本標準時子午線—東経135°で兵庫県明石市を通る、日本の標準時間の子午線。

日本の人口—全国で約１億2500万人（令和４年10月現在　総務省統計より）

都道府県：１都１道２府43県。全47都道府県

▶都道府県名と名称が異なる都道府県庁所在地

北海道ー札幌市、岩手県ー盛岡市、宮城県ー仙台市、茨城県ー水戸市、栃木県ー宇都宮市、群馬県ー前橋市、埼玉県ーさいたま市、神奈川県ー横浜市、石川県ー金沢市、山梨県ー甲府市、愛知県ー名古屋市、三重県ー津市、滋賀県ー大津市、兵庫県ー神戸市、島根県ー松江市、香川県ー高松市、愛媛県ー松山市、沖縄県ー那覇市

▶都道府県名と名称が同じである都道府県庁所在地

青森、秋田、山形、福島、東京、千葉、新潟、富山、福井、長野、岐阜、静岡、京都、奈良、大阪、和歌山、岡山、広島、山口、鳥取、徳島、高知、福岡、佐賀、長崎、熊本、大分、宮崎、鹿児島

- **面積が大きい都道府県**—北海道、次いで岩手県
- **人口が多い都道府県(2022年)**—東京都、次いで神奈川県、大阪府、愛知県
- **日本の主な山地、山脈**—北見山地、日高山脈、奥羽山脈、出羽山地、越後山脈、関東山地、飛驒《ひだ》山脈、木曽山脈、赤石山脈、紀伊山地、中国山地、四国山地、九州山地
- **日本の主な山**—富士山（3776m、山梨・静岡)、大雪山（北海道)、鳥海山（秋田・山形)、穂高岳(長野・岐阜)、立山(富山)、大山《だいせん》(鳥取)
- **日本の主な川**—信濃川(中部：長さ最長)、利根川(関東：流域面積最大)、石狩川(北海道)、北上川、阿武隈《あぶくま》川、最上川(東北)、四万十《しまんと》川(四国)
- **日本の主な湖**—琵琶湖(滋賀：最大)、霞ヶ浦(茨城)
- **日本の工業地帯**—京浜工業地帯、中京工業地帯、阪神工業地帯
- **日本の工業地域**—北九州工業地域、北関東工業地域、京葉工業地域、東海工業地域、瀬戸内工業地域

太平洋ベルト：これらの工業地帯・地域が関東地方から北九州までの帯状部分に集中していることから、こう呼ばれている。

▶ 日本の農林業

- **日本の米の主産地**—北海道、東北(秋田)、北陸(新潟）に集中している。
- **その他の農作物の主産地**—りんごー青森、長野。みかんー和歌山、愛媛。サクランボ(オウトウ）ー山形。ももー山梨、福島。なしー千葉、茨城。レタスー長野。たまねぎー北海道。
- **日本の林業**—木材輸入の増加により衰退している。京都の北山、三重の尾鷲《おわせ》など。

▶ 日本の漁業

- **大陸棚**—日本周辺の海には水深平均200mの遠浅の海が発達している。
- **排他的経済水域**—沿岸から200海里(約370km)以内を自国の経済水域とし、他国の漁獲量を制限できる。これにより日本の遠洋漁業は衰退した。ほかに、沖合漁業、沿岸漁業、養殖・栽培漁業などが盛んである。

28 ビジネス英会話 ← P122・123 解答

1 (1) ①Hello　②Hello, This is, speak[talk]　③in reference to　④talk, meeting
⑤Hold, connect　(2) ①Just a moment, I'm afraid, business　②back　③certainly, until, leave a message　④get, touch, urgent　⑤contact with, as soon as possible

2 ①afraid, on a business trip, Tuesday　②This is, like to speak [talk] to　③ask what you are calling about　④Just a moment, afraid, not here right now
⑤will be back, an hour or so, leave a message

練習問題 29 日本地理

1 日本の地理について、地図と問題文の空欄を埋めなさい。

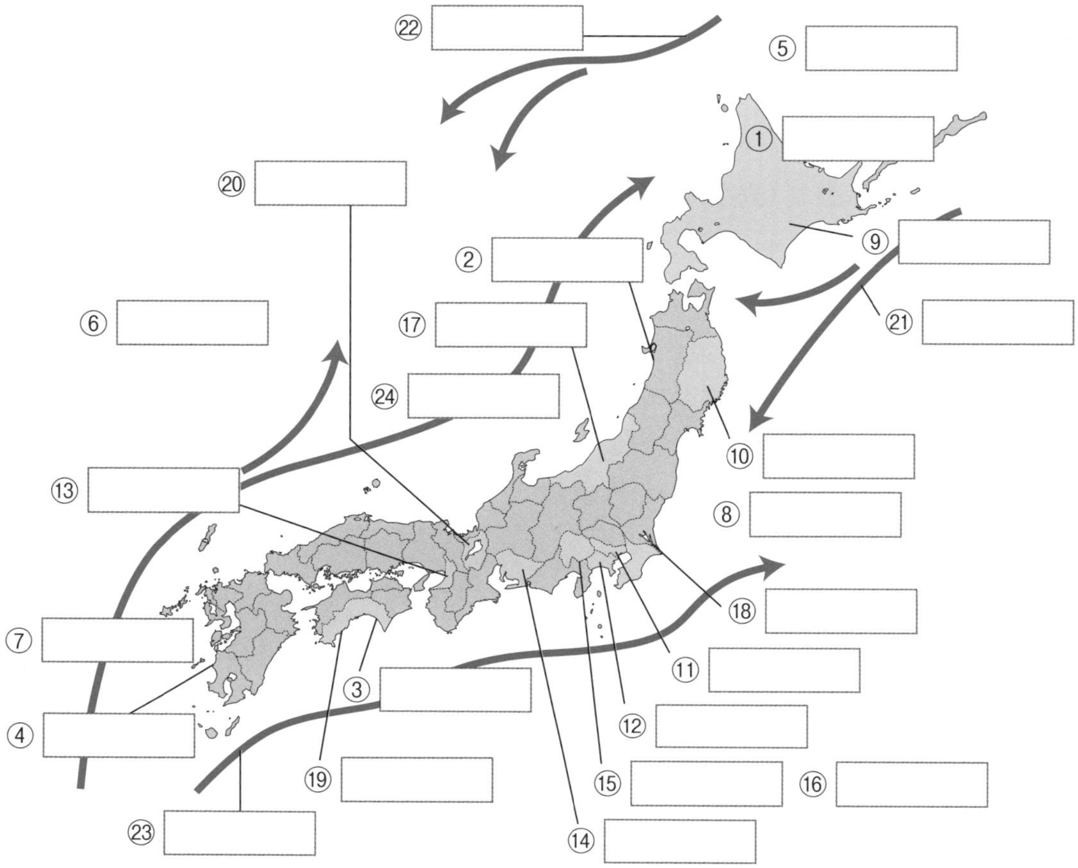

- 日本は①、②、③、④と周辺の多数の島からなる。
- 日本は⑤、⑥、⑦、⑧の 4 つの海に囲まれている。
- 面積が最も大きい都道府県は⑨。 2 番目は⑩。
- 人口が一番多い都道府県は⑪、次いで⑫、⑬、⑭。
- 日本で一番高い山は⑮、標高は⑯m。
- 日本で一番長い川は⑰。日本で一番流域面積が広い川は⑱。また四国の⑲は最後の清流と呼ばれている。
- 日本で一番大きい湖は⑳。
- 日本の近くに流れる 4 つの海流は㉑（親潮）、㉒、㉓（黒潮）、㉔。
- 日本の端：㉕ ＿＿＿＿ 島（北端：北海道）、㉖ ＿＿＿＿ 島（東端：東京都）、㉗ ＿＿＿＿ 島（南端：東京都）、㉘ ＿＿＿＿ 島（西端：沖縄県）。

◇ 日本は東西方向に長い島国なので、日本の時間を統一するために設けられたのが㉙　　　線。東経㉚　　　°で、兵庫県㉛　　　市を通っている。

□ 日本の人口は全国で約㉜　　　人である。

□ 全国には㉝　　　の都道府県がある。

◎ 主な工業地帯

㉞　　　、　　　、　　　

◇ 日本の主食である米の主産地は㉟　　　、　　　、　　　に集中している。そのほかの農作物としては、みかん－㊱　　　、　　　。㊲　　　－山形。もも－山梨、福島。なし－千葉、茨城などがある。

□ 日本の林業は㊳　　　の増加により衰退している。京都の㊴　　　や三重の㊵　　　が有名。

□ ㊶　　　：日本周辺の海には水深平均200mの遠浅の海が発達している。

㊷　　　：沿岸から㊸　　　海里（約370km）以内を自国の経済水域とし、他国の漁獲量を制限できる。これにより日本の㊹　　　漁業は衰退した。ほかに、㊺　　　漁業、　　　漁業、㊻　　　・　　　漁業が盛んである。

覚えるコツ

日本には47の都道府県がある。１都１道２府を覚えるのは簡単だが、43県をすべて覚えるのは苦労をする。日本を北海道・沖縄と東北６県、関東・中部１都15県、近畿・四国・中国・九州２府21県とブロックに分け、それぞれいくつの都道府県があるかを覚え、ブロックごとに記憶していこう。覚えづらい県がそれぞれあるはずだ。その県を中心に暗記しよう。都道府県の名前は県庁所在地と一緒に正確に暗記しておく必要がある。また、それらの位置関係も押さえておくと忘れにくい。地図は必須アイテム！

30 世界地理

ここだけ押さえる！

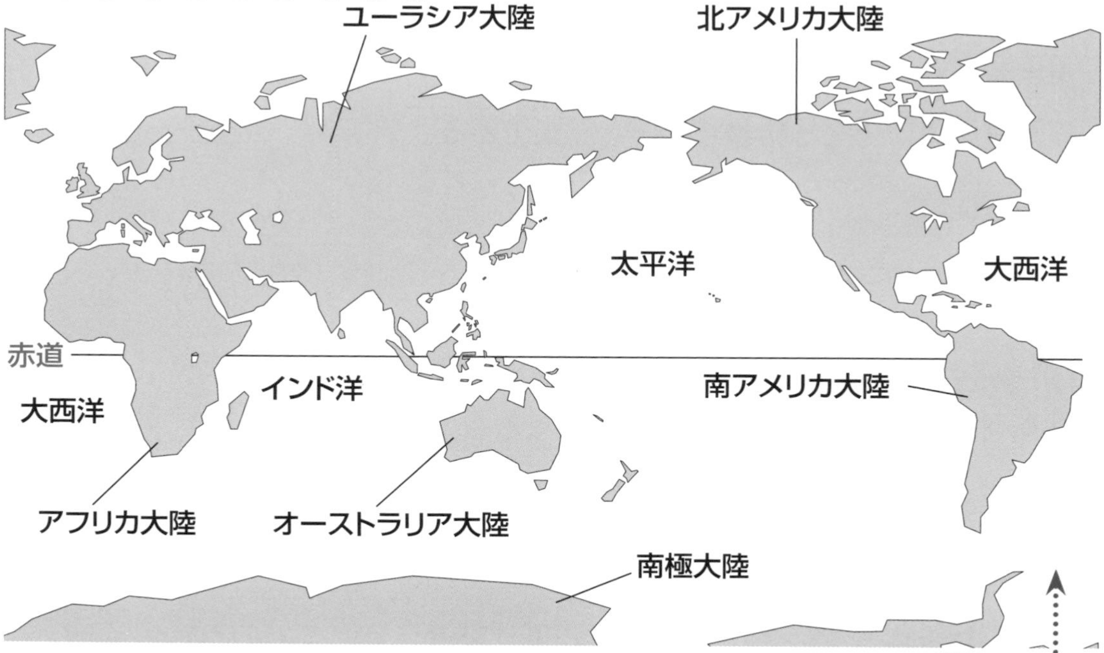

緯度─赤道を０度として南北に向かって90度に分けたもの。

経度─イギリスのロンドン（グリニッジ天文台跡）を通る経線を０度として東西に向かって180度に分けたもの。

世界標準時─地球は自転しているので世界には時差が存在する。イギリスのロンドン（当時のグリニッジ天文台）を基準に定められた。

世界４大文明は、エジプト、メソポタミア、インダス、中国文明だ。現在もその遺跡などが残っている。（p.136参照）

▶ 世界の基礎知識

●世界の人口

世界人口─約80億人（2023年）　人口の多さ─１位：インド、２位：中華人民共和国

●世界の広さ

地球の陸地の面積─約１億4724万km²　　国土面積─１位：ロシア連邦、２位：カナダ

●世界の主要言語

中国語─使用人口は最も多い。しかし、中国人以外はほとんど使わない。

英語─多くの国で公用語として使用されている。事実上の世界共通語。

スペイン語─スペインおよびラテンアメリカ諸国で使用されている。

●世界の主な宗教

キリスト教―ヨーロッパおよびアメリカなど世界各地で信仰されている。主な教派にカトリックとプロテスタントがある。

イスラム教―西アジア地域で多く信仰されている。

仏教―東アジア地域などで多く信仰されている。

・三大宗教は仏教の代わりにユダヤ教が入る場合もある。
・世界の主な宗教としてはインドで広く信仰されているヒンドゥー教などもある。

▶世界の産業

●地下資源

石油―サウジアラビア、イランなどのOPEC諸国などに偏って分布している。ロシア、カナダ、アメリカなどにも分布。世界中で広くエネルギー源として、また、製品の材料として使われている。

石油埋蔵量

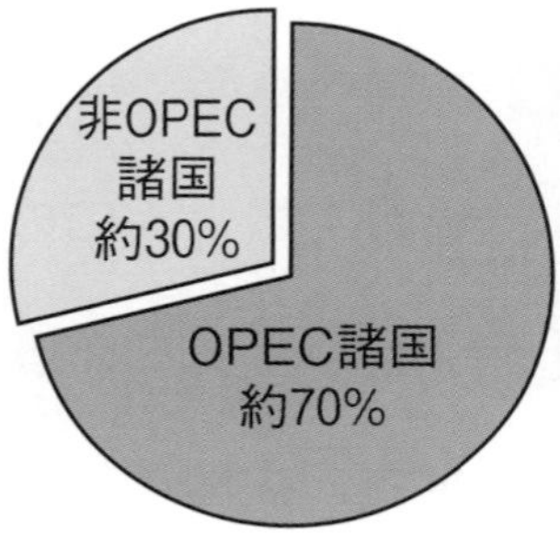

（2021年現在）

石炭―アメリカ、ロシア、インド、中国など世界に広く分布している。石油が使われる前はエネルギー源として多く利用されていた。

鉄鉱石―ブラジル、オーストラリア、中国など多くの地域に分布している。機械製品の多くに利用されている。

●その他の地下資源

銅、スズ、金、銀、ダイヤモンドなどほかにも多くの地下資源が分布。

レアメタル―携帯電話やパソコンなどの電子製品に使われるクロム、コバルトなどの希少金属。

●主要作物など

小麦―ヨーロッパ、アメリカなど多くの地域で主食とされている。

米―日本を含む東アジア～南アジアの地域で広く食用とされている。

牧畜・畜産―世界各地で行われている。牛、鶏《にわとり》、豚《ぶた》、馬、羊、山羊《やぎ》など。用途は食用、毛・皮用など。小麦や米の生産に不向きな土地で多く行われている。

29 日本地理 ← P126・127 解答

1 ①北海道 ②本州 ③四国 ④九州 ⑤オホーツク海 ⑥日本海 ⑦東シナ海 ⑧太平洋 ⑨北海道 ⑩岩手県 ⑪東京都 ⑫神奈川県 ⑬大阪府 ⑭愛知県 ⑮富士山 ⑯3776 ⑰信濃川 ⑱利根川 ⑲四万十川（渡川） ⑳琵琶湖 ㉑千島海流 ㉒リマン海流 ㉓日本海流 ㉔対馬海流 ㉕択捉 ㉖南鳥 ㉗沖ノ鳥 ㉘与那国 ㉙日本標準時子午 ㉚135 ㉛明石 ㉜1億2600万 ㉝47 ㉞京浜工業地帯、中京工業地帯、阪神工業地帯（順不同） ㉟北海道、東北、北陸（順不同） ㊱和歌山、愛媛（順不同） ㊲サクランボ（オウトウ） ㊳木材輸入 ㊴北山 ㊵尾鷲 ㊶大陸棚 ㊷排他的経済水域 ㊸200 ㊹遠洋 ㊺沖合、沿岸（順不同） ㊻養殖・栽培

練習問題 30 世界地理

1 世界の地理と基礎知識について、次の空欄を埋めなさい。

- 世界には３つの大洋①　　　、②　　　、③　　　がある。
- 世界は６つの大陸④　　　、⑤　　　、⑥　　　、⑦　　　、⑧　　　、⑨　　　と複数の島がある。
- イギリスのロンドンを通る経線を０度として東西180度に分けたものが⑩　　　である。
- 赤道を０度として南北に向かって90度に分けたものが⑪　　　である。
- 世界で最も人口の多い国は⑫　　　である。
- ２番目に人口が多い国は⑬　　　である。
- 世界の人口は約⑭　　　億人である（2023年）。
- 世界で最も面積の広い国は⑮　　　である。
- ２番目に面積の広い国は⑯　　　である。
- 世界で最も多くの地域で使用されていて事実上の世界共通語といわれている言語は⑰　　　である。
- 世界で最も使用人口が多い言語は⑱　　　である。
- 世界で主に信仰されている宗教は、ヨーロッパやアメリカなどで多く信仰されている⑲　　　教、主に⑳　　　地域で信仰されているイスラム教、日本を含む東アジアで多く信仰されている㉑　　　教などがある。
- 世界の「三大宗教」とは、キリスト教、イスラム教、㉒　　　を指す。
- 世界の主な宗教のうち、インドで広く信仰されているのは、㉓　　　である。
- 世界標準時は、イギリスのロンドン（当時の㉔　　　）を基準にして定められた。

② 世界の産業について、次の空欄を埋めなさい。

◉ 日本などの東アジア～南アジアを中心に主食として食べられている作物は①　　　　である。ヨーロッパ、アメリカなどで主食として食べられている作物は②　　　　である。それらの生産に不向きな土地で③　　　　、④　　　　、⑤　　　　などの動物が飼育されている。

◇ 石油はサウジアラビアなどの⑥　　　　諸国で多く産出され、現在、エネルギー源として、また日用品の原料として幅広く使用されている地下資源である。石油資源が開発される以前にエネルギー源としてよく使われていた地下資源は⑦　　　　である。ブラジル、オーストラリアなどで産出され、多くの機械製品の原料として使用されている地下資源は⑧　　　　である。そのほかに、⑨　　　　、スズ、金、銀、⑩　　　　などの鉱物が世界各地で産出されている。

□ OPEC諸国の⑪　　　　埋蔵量は、世界全体の約70％に及ぶ。

□ 携帯電話やパソコンなどの電子製品に使われているクロムやコバルトなどの希少金属を⑫　　　　という。

覚えるコツ

世界には数多くの国（約200か国）があって全部を覚えるのは難しい。だから、国の産業をそれぞれ覚えてもあまり意味はない。たとえば農業を覚える場合、気候と合わせて考えると覚えやすい。暖かい地方ではお米が食べられ、寒い地方では小麦から作られるパンや、牧畜による肉類などが主食になる。

31 日本史

ここだけ押さえる！

▶ 戦国の三英傑

織田信長―尾張《おわり》の一戦国大名から天下統一を目指す。本能寺の変で自害。

豊臣秀吉―百姓から信長の家来となり、天下人まで上り詰める。

徳川家康―関ヶ原の戦いに勝利し、江戸幕府を開いた徳川将軍家の始祖。

▶ 江戸時代の三大改革

享保《きょうほう》の改革―徳川吉宗[政策：足高《たしだか》の制・目安箱《めやすばこ》・公事方御定書《くじかたおさだめがき》・上米《あげまい》の制]

寛政の改革―松平定信[政策：倹約令・囲米《かこいまい》・棄捐令《きえんれい》・旧里帰農令《きゅうりきのうれい》・人足寄せ場]

天保の改革―水野忠邦[政策：綱紀粛正・人返し令・上知令・株仲間政策]

▶ その他の三大○○

三大合戦―関ヶ原の戦い・川中島の戦い・筑後川の戦い

厳島合戦を入れる場合もある。

平安の三筆―嵯峨《さが》天皇・空海・橘逸勢《たちばなのはやなり》

維新の三傑―西郷隆盛・木戸孝允《きどたかよし》（桂小五郎）・大久保利通《としみち》

▶ 日本史・時代と人物

縄文時代（前8000～前300年）―狩猟によって生活していた。磨製石器や縄文土器が使われていた。

弥生時代（前300～後300年）
- 卑弥呼《ひみこ》：邪馬台国《やまたいこく》を治めていたという女王。
- 稲の栽培が始まり定住するようになった。弥生土器が使われていた。

古墳・飛鳥時代（300～710年）
- 聖徳太子《しょうとくたいし》：十七条の憲法や冠位十二階などを定めた。
- 645年、大化の改新が始まる。

奈良時代（710～794年）
- 710年、今の奈良市に平城京が造られる。『古事記』、『日本書紀』の完成。
- 聖武《しょうむ》天皇：墾田永年私財法《こんでんえいねんしざいのほう》を発令した。

平安時代（794～1185年）
- 794年、桓武《かんむ》天皇により、平安京造営。藤原氏の摂関政治。
- 平清盛：平氏一門を栄えさせた。

鎌倉時代（1185～1333年）
- 平氏を滅ぼした源頼朝が鎌倉幕府を開く。武士中心の封建制度。
- 1221年、承久《じょうきゅう》の乱。後鳥羽《ごとば》上皇に幕府側が勝利。
- 1334年、後醍醐《ごだいご》天皇の建武の新政後、南北朝の対立。

室町時代
1338～1573年

- 1338年、室町幕府成立。1392年、南北朝統一。1467年、応仁《おうにん》の乱。
- 足利義満：中国の明《みん》との貿易（勘合貿易）を始める。
- 織田信長：桶狭間《おけはざま》の戦い、室町幕府を滅ぼす、長篠《ながしの》の戦い。

安土・桃山時代
1573～1603年

- 豊臣秀吉：1590年、全国を統一し、戦国時代を終わらせた。
- 1600年、関ヶ原の戦い。

江戸時代
1603～1867年

- 1603年、徳川家康が征夷大将軍《せいいたいしょうぐん》となり、江戸幕府を開く。武家諸法《ぶけしょはっ》度《と》がつくられる。
- 1716年、八代将軍徳川吉宗が享保の改革で幕府の財政を立て直した。
- 1853年、ペリーが浦賀に黒船で来航。日本の開国を迫る。
- 大政奉還《たいせいほうかん》：1867年、十五代将軍徳川慶喜《よしのぶ》が政権を朝廷に返上。これにより、およそ260年にわたる江戸時代が終わる。
- 1867年、王政復古の大号令が出され明治政府が成立する。

明治時代
1868～1912年

- 明治維新（近代化を目指した一連の革命）が行われ、西洋の文化を積極的に取り入れる。
- 伊藤博文：初代内閣総理大臣。
- 1894年、日清《にっしん》戦争。1904年、日露戦争。これらの戦争により日本は台湾などを領土とし、のちに韓国を併合した。

大正時代
1912～1926年

- 1914年、第一次世界大戦勃発《ぼっぱつ》。
- 吉野作造：民本主義を主張し、大正デモクラシーの指導理論となる。

昭和時代
1926～1989年

- 1931年、満州事変。1937年、日中戦争。
- 1941年、太平洋戦争開戦。1945年8月6日、広島に世界で初めて原子爆弾が投下される。1945年8月9日、長崎に原爆投下。1945年8月14日、ポツダム宣言を受諾。これにより太平洋戦争終結。1946年、日本国憲法公布。1951年、サンフランシスコ平和条約、日米安全保障条約調印。日本の主権の回復が認められる。1956年、国際連合に加盟。

30 世界地理 ← P130・131 解答

❶ ①太平洋　②大西洋　③インド洋（①～③順不同）　④ユーラシア大陸　⑤アフリカ大陸　⑥北アメリカ大陸　⑦南アメリカ大陸　⑧オーストラリア大陸　⑨南極大陸（④～⑨順不同）　⑩経度　⑪緯度　⑫中華人民共和国　⑬インド　⑭79　⑮ロシア連邦　⑯カナダ　⑰英語　⑱中国語　⑲キリスト　⑳西アジア　㉑仏　㉒仏教（ユダヤ教）　㉓ヒンドゥー教　㉔グリニッジ天文台

❷ ①米　②小麦　③牛　④豚　⑤鶏（③～⑤順不同）　⑥OPEC　⑦石炭　⑧鉄鉱石　⑨銅　⑩ダイヤモンド（⑨、⑩順不同）　⑪石油（原油）　⑫レアメタル

練習問題 31 日本史

1 日本の歴史について、次の空欄を埋めなさい。

□ 縄文時代、日本人は①（　　　）によって生活をし、磨製石器や ②（　　　）土器を使っていたと考えられている。

□ 弥生時代、日本人は ③（　　　）を栽培し始め定住するようになった。そのころ、④（　　　）土器などが使われていた。

◇ 3世紀頃、邪《や》馬《ま》台国《たいこく》という国が女王⑤（　　　）によって治められていた。

◇ 6世紀はじめには大和王権により政治が行われていた。その中でも有名なのが⑥（　　　）や⑦（　　　）を定めた、推古《すいこ》天皇の摂政である聖徳太子である。

◇ 645年、⑧（　　　）が始まる。

□ 710年に⑨（　　　）京が造られる。この時代を⑩（　　　）時代という。歴史書の⑪『（　　　）』⑫『（　　　）』などが完成した。

□ 794年に⑬（　　　）京が ⑭（　　　）天皇により造られる。

□ 平氏を滅ぼした源頼朝により⑮（　　　）幕府が開かれる。⑯（　　　）中心の社会で封建制度がとられていた。

□ 1221年、⑰（　　　）の乱。反乱を起こした⑱（　　　）上皇に幕府側が勝利。

◎ 1338年、⑲（　　　）幕府の成立。三代将軍⑳（　　　）が中国の明との勘合貿易を始める。

□ 1467年、㉑（　　　）の乱。室町幕府が力を失った原因。

□ 織田㉒（　　　）や豊臣㉓（　　　）らによって全国統一が目指される。

◎ 1600年、㉔（　　　）の戦い。

□ 1603年、㉕（　　　）により㉖（　　　）幕府が開かれる。
㉗（　　　）と呼ばれる法律がつくられ、身分制度が確立し、参勤交代や鎖国が行われるようになった。

□ 1716年、八代将軍㉘（　　　）によって㉙（　　　）の改革が行われる。

□ 1853年、㉚［　　］が浦賀に黒船で来航。日本の㉛［　　］を迫る。

◇ 1867年、㉜［　　］により、およそ260年間の江戸時代が幕を閉じる。

□ ㉝［　　］。近代化を目指した一連の革命。西洋の文化を積極的に取り入れる。士農工商の身分制度が廃止され学制が始まる。

□ 初代内閣総理大臣に㉞［　　］が就任。内閣制度による政治が始まる。

□ 1894年、㉟［　　］戦争。日本の勝利に終わり、清に、〈1〉朝鮮の独立、〈2〉遼東《りょうとう》《（リアオトン）》半島・台湾などの譲渡、〈3〉多額の賠償金を認めさせた。

◎ 1904年、㊱［　　］戦争。ポーツマス条約により、日本はロシアに〈1〉韓国の指導権、〈2〉樺太の南部の譲渡、〈3〉遼東半島南部、長春以南の鉄道の租借権譲渡を認めさせた。これらの戦争により、日本は㊲［　　］などを日本の領土とし、のちに韓国を併合した。

◎ 1914年、㊳［　　］大戦勃発。

□ 1931年、㊴［　　］事変。

□ 1937年、㊵［　　］戦争。

◎ 1941年、日本がアメリカ、ハワイの真珠湾を攻撃し宣戦布告、㊶［　　］戦争が始まる。1945年8月6日、㊷［　　］に世界で初めて㊸［　　］が投下され、1945年8月9日には、㊹［　　］にも投下。1945年8月14日、㊺［　　］宣言を受諾。これによって太平洋戦争は終結した。

◇ 1946年、㊻［　　］憲法公布、翌年施行。

◇ 1951年、㊼［　　］条約、㊽［　　］条約を結び、日本は主権を回復する。

覚えるコツ

日本史は流れを理解して覚える。よく、年号を語呂合わせで暗記したりするが、ただ年号だけを覚えるよりも、その時代に何があって、その時、人物や集団、組織がどう動いたのか、なぜそういう動きをしたかという事情も含めて大づかみしながら覚えるほうが、頭に入りやすい。人名、事件、事件の起きた場所などをセットにして、声に出して読んで覚えよう。

32 世界史

ここだけ押さえる！

▶人類の出現

約600万年前：アフリカで初の人類サヘラントロプス・チャデンシスが出現。

約20万年前：人類の直接の祖先といわれるクロマニョン人が現れる。彼らは打製石器を使って狩りなどをしていたため、この時代は旧石器時代と呼ばれている。

▶4大文明誕生　紀元前3000年から紀元前1500年頃

古代文明はすべて乾燥地だが、水に恵まれたところに成立しているのがわかる。

メソポタミア文明（チグリス川・ユーフラテス川流域）

エジプト文明（ナイル川流域）

インダス文明（インダス川流域）

中国文明（黄河・長江流域）

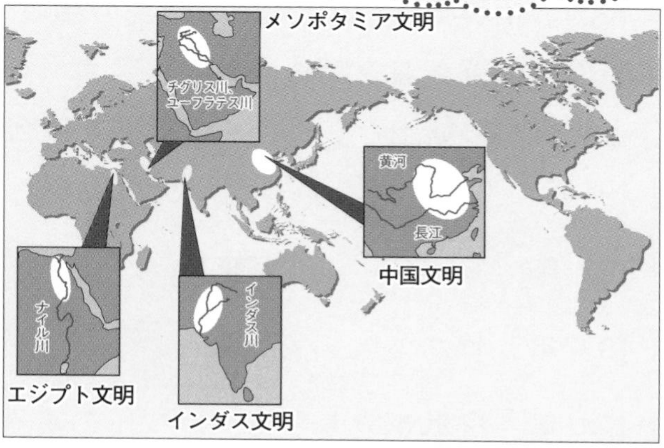

▶宗教

紀元前6～前5世紀頃：中国で儒教、インドで仏教が成立。

紀元前後：キリスト教の成立。

600年頃：イスラム教の成立。

▶文明の始まり

8世紀まで	100年頃	ローマ帝国が栄える。
	375(6)年	ゲルマン民族の大移動開始。
	750年頃	イスラム帝国の成立。
9～11世紀	907年	唐《とう》が滅びる。
	936年	高麗《こうらい》が朝鮮を統一する。
	1080年頃	ローマ教皇の力が伸張。
	1096年	十字軍の遠征が始まる。
12～15世紀	1206年	チンギス・ハンがモンゴル統一。
	1299年	オスマン帝国建国。
	1300～1400年頃	ルネサンス始まる。
	1492年	コロンブスがアメリカ大陸到達。
	1498年	バスコ・ダ・ガマがインドに到達。

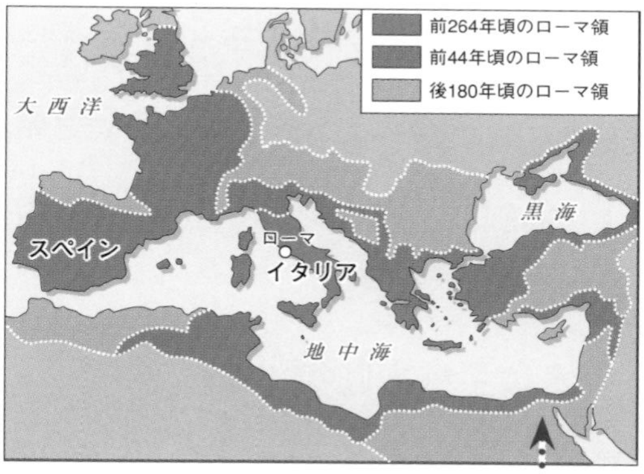

地中海を中心としたローマ帝国はどんどん拡大していった。

孫のフビライ・ハンは海軍を編成し、日本を2度にわたり攻めた。

16〜19世紀
- 1517年　ルターの宗教改革。
  - マガリャンイスは、ポルトガル語（本名）
- 1519年　マゼラン(マガリャンイス)、世界一周に出航。1522年に一行が達成。
- 1558年　エリザベス１世、イングランド国王に即位。
- 1588年　イギリスがスペインの無敵艦隊を撃破。
- 1600年　イギリスが東インド会社を設立する。
- 18世紀　イギリスで産業革命が起こる。
  - 18世紀中頃、イギリスの工業に新技術が次々に現れ、産業･経済を大きく変えた。

▶戦争の歴史

18世紀
- 1775年　アメリカ独立戦争が始まる。
- 1776年　アメリカ独立宣言。
- 1789年　フランス革命が始まる。

19世紀
- 1804年　フランスでナポレオンが皇帝に即位。
- 1840年　清とイギリス間でアヘン戦争が起こる。
- 1861年　アメリカ南北戦争勃発《ぼっぱつ》。
  - 奴隷制に対する南部、北部の対立が発端。リンカーン大統領の奴隷解放宣言後、65年に北部が勝利。

20世紀以降
- 1914年　第一次世界大戦が始まる。
- 1917年　ロシア革命が起こる。
  - ・ロマノフ王朝倒れる：３月革命
  - ・ボリシェヴィキ（のちのソ連共産党）が臨時政府を倒し、ソヴィエト政権樹立：11月革命
- 1919年　ベルサイユ条約締結で第一次世界大戦終結。
- 1929年　世界恐慌（大恐慌）が起こる。
- 1933年　ドイツにナチス政権が成立。
  - ヒトラーとファシズムの台頭。
- 1939年　第二次世界大戦が始まる。
  - 日本も参戦。原爆投下後降伏。
- 1950年　朝鮮戦争が始まる。
- 1965年　ベトナム戦争激化。
  - 1989年、ベルリンの壁崩壊。
- 1991年　湾岸戦争が起こる。ソ連の解体。
- 2001年　アメリカ同時多発テロが起こる。
- 2003年　イラク戦争が起こる。
  - ブッシュ大統領がイラクのフセイン政権を非難し攻撃。フセイン政権崩壊。
- 2009年　アメリカ大統領にアフリカ系のバラク・オバマ就任。

31 日本史 ← P134・135　解答

❶ ①狩猟（採取、漁も可）　②縄文　③稲　④弥生《やよい》　⑤卑弥呼《ひみこ》　⑥十七条の憲法　⑦冠位十二階（⑥、⑦順不同）　⑧大化の改新　⑨平城　⑩奈良　⑪古事記　⑫日本書紀（⑪、⑫順不同）　⑬平安　⑭桓武　⑮鎌倉　⑯武士　⑰承久《じょうきゅう》　⑱後鳥羽《ごとば》　⑲室町　⑳足利義満　㉑応仁　㉒信長　㉓秀吉　㉔関ヶ原　㉕徳川家康　㉖江戸　㉗武家諸法度　㉘徳川吉宗　㉙享保　㉚ペリー　㉛開国　㉜大政奉還　㉝明治維新　㉞伊藤博文　㉟日清　㊱日露　㊲台湾　㊳第一次世界　㊴満州　㊵日中　㊶太平洋　㊷広島　㊸原子爆弾　㊹長崎　㊺ポツダム　㊻日本国　㊼サンフランシスコ平和　㊽日米安全保障

練習問題 32 世界史

1 世界の歴史について、次の空欄を埋めなさい。

□ 約600万年前、アフリカで、世界最初の人類であるとされる、
①　　　　が現れる。
約20万年前、人類の直接の祖先といわれる、②　　　　人が現れる。
彼らは打製石器などの簡単な道具を使って狩りなどをしていたと考えられるため、この時代を③　　　　時代と呼んでいる。

◉ 紀元前3000年から紀元前1500年頃、世界の各地で四大文明が栄えた。
④　　　　文明：④の黄河・長江流域を中心に繁栄。
⑤　　　　文明：⑤のナイル川流域を中心に繁栄。
⑥　　　　文明：中東のチグリス川・ユーフラテス川流域を中心に繁栄。
⑦　　　　文明：インドの⑦川流域を中心に繁栄。

□ 紀元前 6 ～前 5 世紀頃、⑧　　　　や　　　　といった教えや宗教が成立する。

◈ 紀元前後、⑨　　　　教が誕生する。

□ 375(6)年、⑩　　　　の大移動が起こる。

◈ 600年頃、ムハンマドによって⑪　　　　教が成立した。

□ 750年頃、⑫　　　　帝国が中東地域を支配した。

□ 907年、長い歴史を誇っていた中国の⑬　　　　が滅びる。

□ 936年、朝鮮半島では ⑭　　　　が朝鮮を統一する。

□ 1080年頃、カノッサの屈辱後、⑮　　　　教皇の力が伸張する。

□ 1096年、⑯　　　　の遠征が始まる。キリスト教の軍隊である。

□ 1206年、⑰　　　　がモンゴルを統一した。

□ 1299年、小アジア半島に⑱　　　　帝国が建国された。

◉ 1300～1400年頃、のちにミケランジェロなどが中心になった ⑲　　　　が始まる。

◉ 1400年頃、大航海時代が始まる。

⑳［　　　］がアメリカ大陸に到達（1492年）。

㉑［　　　］がインドに到達（1498年）。

㉒［　　　］（マガリャンイス）一行が世界一周を成し遂げる（1522年）。

◆ 1517年、㉓［　　　］の宗教改革。

□ 1558年、㉔［　　　］即位。これよりイギリスの絶対王政の最盛期。

□ 1588年、イギリスの艦隊が㉕［　　　］の無敵艦隊を撃破する。

□ 1600年、イギリスがインドの開発を活性化させるために㉖［　　　］会社を設立する。

□ 18世紀、イギリスで㉗［　　　］が起こる。蒸気機関などが発明される。

□ 1775年、アメリカで㉘［　　　］が始まる。

1776年、㉙［　　　］宣言を出す。1783年、アメリカが㉘を終えてイギリスからの独立を果たす。

◆ 1789年、㉚［　　　］革命が始まる。

□ 1804年、㉚で、㉛［　　　］が皇帝に即位。

□ 1840年、イギリスと清の間で㉜［　　　］戦争が起こる。

□ 1861年、アメリカで、奴隷制度などをめぐる対立から㉝［　　　］戦争が起こる。

□ 1929年、世界中で経済不況が起こる。㉞［　　　］と呼ばれている。

□ 1933年、ドイツにヒトラーによる独裁政権である㉟［　　　］政権が成立。

□ 1991年、中東で㊱［　　　］戦争が起こる。

ソ連が解体し、㊲［　　　］が成立した。

□ 2001年、アメリカで㊳［　　　］が起こる。

□ 2003年、中東で㊴［　　　］戦争が起こる。

33 日本・世界の文学史

ここだけ押さえる！

▶日本古典文学

作品名	作者	内容	作品名	作者	内容	
土佐日記	紀貫之《きのつらゆき》	旅日記	枕草子《まくらのそうし》	清少納言	自然・人生	三大随筆
蜻蛉《かげろう》日記	藤原道綱母《ふじわらのみちつなのはは》	家庭生活	方丈記《ほうじょうき》	鴨長明《かものちょうめい》	人生論	
更級《さらしな》日記	菅原孝標女《すがわらのたかすえのむすめ》	回顧録	徒然草《つれづれぐさ》	吉田兼好	思索的随想	
源氏物語	紫式部	長編物語	竹取物語	作者不詳	伝奇物語	

▶世界の文学思潮

17～18世紀

古典主義

17～18世紀におけるヨーロッパ芸術の支配的思想。ギリシャ・ローマの芸術を規範とし、調和と均整を理想とした。

→

19世紀初め

ロマン主義

古典主義の反動として、19世紀初めにおこる。夢や空想の世界に憧れ、個性・空想・形式の自由を強調。

→

19世紀半ば

写実主義・自然主義

写実主義は19世紀半ばにロマン主義に対立しておこる。現実を美化せず、あるがままにとらえる。自然主義はそれをさらに徹底。

→

19世紀末

象徴主義・耽美《たんび》主義

自然主義の反動として、19世紀末にフランスでおこり、ヨーロッパ諸国に波及した。

▶日本近現代文学

作品と作家名は読めるだけでなく、正しく漢字で書けるように！

〔明治～大正〕

写実主義	ありのまま	坪内逍遙《しょうよう》『小説神髄』、二葉亭四迷《しめい》『浮雲』
浪漫《ろうまん》主義	個性尊重と自我の解放	島崎藤村《とうそん》『若菜集』、与謝野《よさの》晶子『みだれ髪』
自然主義	自己告白	島崎藤村『破戒《はかい》』、田山花袋《かたい》『蒲団《ふとん》』
反自然主義	耽美派	永井荷風《かふう》『あめりか物語』、『濹東綺譚《ぼくとうきだん》』 谷崎潤一郎『刺青《しせい》』、『痴人の愛』
	余裕派	森鷗外『舞姫』、夏目漱石《そうせき》『こころ』
	白樺《しらかば》派（人道主義的理想主義）	武者小路実篤《むしゃのこうじさねあつ》『友情』、 志賀直哉《なおや》『暗夜行路』、有島武郎『或る女』

〔大正～昭和前期〕

新現実主義	社会の実相を捉え直す	芥川《あくたがわ》龍之介『羅生門《らしょうもん》』、菊池寛『藤十郎《とうじゅうろう》の恋』
プロレタリア文学	労働者文学	葉山嘉樹《よしき》『海に生くる人々』、小林多喜二《たきじ》『蟹工船《かにこうせん》』
新感覚派	表現技法革命	横光利一『日輪』、川端康成『伊豆の踊子』
新興芸術派	左翼文学に対抗	井伏鱒二《ますじ》『山椒魚《さんしょううお》』、梶井基次郎《もとじろう》『檸檬《れもん》』
新心理主義	西洋文学の影響	堀辰雄『風立ちぬ』、伊藤整《せい》『鳴海仙吉』

〔昭和後期～平成〕

戦後派	別次元からの出発	野間宏『暗い絵』、三島由紀夫『仮面の告白』
新戯作《げさく》派	無頼《ぶらい》派	太宰《だざい》治『人間失格』、坂口安吾《あんご》『白痴《はくち》』
第三の新人	日常生活を題材に	安岡章太郎『悪い仲間』、遠藤周作『海と毒薬』
昭和30年代～平成	芥川賞作家、ベストセラー作家	石原慎太郎『太陽の季節』、大江健三郎『飼育』、中上健次『岬』、村上春樹『ノルウェイの森』

▶世界文学

古典主義

ドイツ：ゲーテ『若きヴェルテルの悩み』、シラー『オルレアンの少女』

ロマン主義

ドイツ：ハイネ『歌の本』

アメリカ：ホーソーン『緋文字《ひもじ》』、メルヴィル『白鯨《はくげい》』、ホイットマン『草の葉』

フランス：スタンダール『赤と黒』、デュマ『三銃士』、ユゴー『レ・ミゼラブル』

写実主義・自然主義

フランス：バルザック『谷間の百合』　**イギリス**：ディケンズ『二都物語』

ロシア：ドストエフスキー『罪と罰』、トルストイ『戦争と平和』

象徴主義・耽美主義

フランス：ボードレール『悪の華』、ランボー『地獄の季節』

ドイツ：リルケ『マルテの手記』　**イギリス**：ワイルド『サロメ』

32 世界史 ← P138・139 解答

❶ ①サヘラントロプス・チャデンシス　②クロマニョン　③旧石器　④中国　⑤エジプト　⑥メソポタミア　⑦インダス　⑧儒教、仏教（順不同）　⑨キリスト　⑩ゲルマン民族　⑪イスラム　⑫イスラム　⑬唐　⑭高麗　⑮ローマ　⑯十字軍　⑰チンギス・ハン　⑱オスマン　⑲ルネサンス　⑳コロンブス　㉑バスコ・ダ・ガマ　㉒マゼラン　㉓ルター　㉔エリザベス1世　㉕スペイン　㉖東インド　㉗産業革命　㉘独立戦争　㉙アメリカ独立　㉚フランス　㉛ナポレオン　㉜アヘン　㉝アメリカ南北　㉞世界恐慌（大恐慌）　㉟ナチス　㊱湾岸　㊲ロシア連邦　㊳同時多発テロ　㊴イラク

練習問題 33 日本・世界の文学史

1 世界の文学史について、次の問いに答えなさい。

(1) 次の空欄を埋めて文章を完成させなさい。

□ ロマン主義は古典主義の反動として、19世紀初めにおこった。これは夢や空想の世界に憧れ、個性・空想・形式の①［　　］を強調する文学思潮である。

□ 写実主義は19世紀半ばに②［　　］主義に対立しておこったもので、現実を美化せず、あるがままにとらえようとした。

□ 古典主義は古代③［　　］・ローマの芸術を規範とした。

(2) 次の空欄に当てはまる作家名または作品名を答えなさい。

◇ 古典主義　①［　　］＝『若きヴェルテルの悩み』

◇ ロマン主義　フランス：デュマ＝『②［　　］』、ユゴー＝『③［　　］』

ドイツ：④［　　］＝『歌の本』

アメリカ：⑤［　　］＝『緋《ひ》文《も》字《じ》』、メルヴィル＝『⑥［　　］』

◎ 写実・自然主義　ロシア：⑦［　　］＝『罪と罰』、

⑧［　　］＝『戦争と平和』

イギリス：ディケンズ＝『⑨［　　］』

□ 象徴・耽美主義　イギリス：⑩［　　］＝『サロメ』

ドイツ：⑪［　　］＝『マルテの手記』

フランス：ランボー＝『⑫［　　］』

ボードレール＝『⑬［　　］』

2 日本の文学史について、次の問いに答えなさい。

(1) 次の空欄を埋めて文章を完成させなさい。

◇ ①［　　］作の『方丈記』は、『枕草子』、『徒然草』とともに三大随筆といわれており、人生論などについて書かれている。

□『源氏物語』は②［　　　］が書いた長編物語である。

◇『土佐日記』は③［　　　］が女性を装ってひらがなを使い綴《つづ》った旅日記である。

(2) **次の作品の作者名を答えなさい。**

◎ ①［　　　］＝『浮雲』(明治時代の作品)　②［　　　］＝『蒲団』

◎ ③［　　　］＝『山椒魚』　④［　　　］＝『破戒』

◎ ⑤［　　　］＝『暗夜行路』　⑥［　　　］＝『藤十郎の恋』

◎ ⑦［　　　］＝『仮面の告白』　⑧［　　　］＝『悪い仲間』

◎ ⑨［　　　］＝『太陽の季節』

(3) **次の空欄を埋めて文章を完成させなさい。**

◇ 武者小路実篤は反自然主義の作家であるが、その中でも①［　　　］という作家グループで活躍した。

□ 夏目漱石、森鷗外は②［　　　］と呼ばれている。

□ 浪漫主義は、個性の尊重と③［　　　］の解放が主題である。

□ 島崎藤村、田山花袋らが代表的な作家である④［　　　］主義は、自己告白が特徴で、私小説の源流となった。

□ ⑤［　　　］文学の代表的な作家は、『蟹工船』が有名な⑥［　　　］である。

□ 太宰治、坂口安吾らは⑦［　　　］派というグループに分類される。

□ 村上春樹の『⑧［　　　］』は大ベストセラーとなり、映画化された。

覚えるコツ

文学は、ジャンルで分けて覚えることが基本だ。たとえば、古典なら随筆や日記、物語に分けることができる。随筆なら、まず三大随筆から覚えてしまう。また、映画化されている文学作品は、映画に登場した俳優の顔やファッションと関連して覚えることもコツである。

34 思想・宗教

ここだけ押さえる！

▶社会契約説

国家の起源に関する理論

	著作	社会契約の目的	自然状態
ホッブズ（イギリス）	『リヴァイアサン』	自己保存	万人の万人に対する戦い
ロック（イギリス）	『市民政府二論』	自然権の実現	平和的状態
ルソー（フランス）	『社会契約論』	一般意思の実現	自由、平等、平和な状態

▶諸子百家（中国哲学）

中国の春秋戦国時代に現れた多くの思想家の総称

二大思想

儒家《じゅか》

- 孔子《こうし》（仁）
- 孟子《もうし》（仁義、性善説、民本思想、四端《したん》）
- 荀子《じゅんし》（性悪説、礼・義による人間規制）

道家《どうか》（老荘思想）

- 老子《ろうし》（道《タオ》、無為自然）
- 荘子《そうし》（無為自然）

特に孔子、孟子が重要。儒教は別名「孔孟の教え」ともいう。

その他

法家《ほうか》—韓非子《かんぴし》（君主の統治、荀子の弟子）
墨家《ぼっか》—墨子《ぼくし》（兼愛説、非攻論）
兵家《へいか》—孫武《そんぶ》（孫子兵法《そんしへいほう》）

▶日本の近代思想家

思想家	著作	主張・特徴
中江兆民《ちょうみん》	『三酔人経綸問答《さんすいじんけいりん》』	自由民権運動の理論的指導者 東洋のルソー
福沢諭吉《ゆきち》	『学問のすゝめ』	脱亜《だつあ》論、独立自尊
中村正直《まさなお》	『西国立志編』（『Self Help』の翻訳）	功利《こうり》主義思想
内村鑑三《かんぞう》	『余《よ》は如何《いか》にして基督《キリスト》信徒となりし乎《か》』	無教会主義の提唱
西田幾多郎	『善の研究』	西田哲学、純粋経験
和辻哲郎《わつじてつろう》	『古寺巡礼』『風土』	和辻倫理学、『古寺巡礼』がベストセラーとなり古寺ブームに

名前、重要な著作、主張をセットで覚えよう!

▶古代ギリシャの哲学者

	著作	主張・特徴	師弟関係
ソクラテス	——	善《よ》く生きる、無知の知、問答法	プラトンの師
プラトン	『ソクラテスの弁明』『国家』『饗宴《きょうえん》』	イデア*論の提唱	アリストテレスの師
アリストテレス	『形而上学《けいじじょうがく》』『ニコマコス倫理学』	イデア論の否定 最高善は幸福	アレクサンドロス大王の師

＊イデア：ものごとの本質を指す。

▶世界の宗教（p.129、136 参照）

宗教	開祖等	教典・経典	教義・特徴
キリスト教	救世主 イエス	旧約聖書 新約聖書	1世紀中頃、ユダヤ教を母体としてパレスチナに起こり、後にローマ帝国の国教となる。欧米を中心として世界各国に広まっており、信者の人口は最多数。カトリック・東方正教会・プロテスタントの3つの流れがある。
イスラム教	ムハンマド（マホメット）	コーラン	7世紀初めにアラビアでムハンマドが創始。唯一神アッラーへの信仰やメッカへの巡礼が特徴。世界第2位の信者数。
ヒンドゥー教	——	——	インドの土着の信仰等とバラモン教が融合。インド国民の大部分が信者。
仏教	釈迦《しゃか》	一切経（大蔵経）など	紀元前5世紀頃、インドで釈迦が開き、ほぼアジア全域に広まる。人生は苦であり、悟りにより涅槃《ねはん》に至ることを説く。

33 日本・世界の文学史 ← P142・143　解答

❶ (1) ①自由　②ロマン　③ギリシャ　(2) ①ゲーテ　②三銃士(など)　③レ・ミゼラブル(など)　④ハイネ　⑤ホーソーン　⑥白鯨(など)　⑦ドストエフスキー　⑧トルストイ　⑨二都物語(など)　⑩ワイルド　⑪リルケ　⑫地獄の季節(など)　⑬悪の華(など)

❷ (1) ①鴨長明　②紫式部　③紀貫之　(2) ①二葉亭四迷　②田山花袋　③井伏鱒二　④島崎藤村　⑤志賀直哉　⑥菊池寛　⑦三島由紀夫　⑧安岡章太郎　⑨石原慎太郎　(3) ①白樺派　②余裕派　③自我　④自然　⑤プロレタリア　⑥小林多喜二　⑦新戯作(無頼)　⑧ノルウェイの森

練習問題 34 思想・宗教

1 中国・古代ギリシャなどの思想家・哲学者について、次の問いに答えなさい。

(1) **次の空欄を埋めて文章を完成させなさい。**

◉ 孟子は、「人間の本性は善であり先天的に仁・義を持っている」という①　　　　を主張した。それに対し、荀子は「人の本性は悪だが、学問を修めることにより矯正《きょうせい》することができる」という②　　　　を説いた。

◉ 墨子は、「差別なく平等に人を愛さなければいけない」という③　　　　を唱えた。④　　　　は、非違の行いを法によって抑えるべきだと主張したが、このように天下を治めるには法律が必要と説く学派を法家という。

(2) **次の空欄を埋めて文章を完成させなさい。**

□ アリストテレスはプラトンの弟子である。プラトンは、事物の本質を①　　　　と名づけ、超越的なものとしたが、アリストテレスはこれを否定した。また、アリストテレスは②　　　　大王の家庭教師を務めた。

□ ソクラテスの思想で有名なのは「③　　　　の知」である。

2 日本・西洋の思想家・哲学者について、次の問いに答えなさい。

(1) **次の空欄に当てはまる人物、著作を答えなさい。**

◇ 福沢諭吉――『①　　　　』

□ ②　　　　――『古寺巡礼』

□ 西田幾多郎――『③　　　　』

(2) **次の空欄を埋めて文章を完成させなさい。**

◇ ルソーは、人間の自然状態を、自由、平等、平和な状態だと考えた。代表的な著作として『①　　　　』がある。

◇ ②　　　　は、自然状態を、万人の万人に対する戦いと捉えた。代表的な著作には『リヴァイアサン』がある。

□ ロックは自然状態を③　　　　状態と考えた。代表的な著作には『市民政府二論』がある。

□ 中村正直はサミュエル・スマイルズの『Self Help』を翻訳し、『④　　　　』という邦題で出版、⑤　　　　の『学問のすゝめ』と並ぶ大ベストセラーになった。

□ 内村鑑三は教会的キリスト教に対して⑥　　　　を唱えた。

□ ⑦　　　　は日本にルソーを紹介し、自由民権運動の理論的指導者となった。「東洋のルソー」と呼ばれる。

3 世界の宗教について、次の問いに答えなさい。

次の空欄を埋めて文章を完成させなさい。

□ キリスト教は、①　　　　を救世主として信仰する宗教で、②　　　　・③　　　　を教典とする。

□ ④　　　　教はムハンマドが創始した。唯一神である⑤　　　　を信仰し、⑥　　　　を教典とする。

□ 仏教は、インドで⑦　　　　が開き、ほぼアジア全域に広まった。

覚えるコツ

師弟関係を把握することで記憶に関連ができる。師弟関係にある人たちは、共通の考え方や流れを持っている。たとえば、孔子、孟子、荀子は師弟関係にあり、儒家だが、孟子の性善説に対し、荀子は性悪説を唱えた。また、韓非子は荀子の弟子だが、儒家ではなく、法を重んじ法家となった。師弟間の理論の違いを理解すると、面白く覚えることができる。

35 美術・音楽史

ここだけ押さえる！

▶ルネサンス美術（14世紀～16世紀）
イタリアを中心に西欧各国に広がった。

盛期の三大巨匠：レオナルド・ダ・ヴィンチ、ミケランジェロ、ラファエロ

▶音楽史
ドイツ三大B：バッハ、ベートーヴェン、ブラームス

▶日本の美術
狩野派（室町～江戸時代）：狩野正信、狩野元信、狩野永徳、狩野探幽

琳派（江戸時代）：俵屋宗達、尾形光琳、尾形乾山、酒井抱一

▶西洋美術史
作品と作家は１セットで覚えよう！

ルネサンス（14世紀～16世紀）―古代文化の復興運動

レオナルド・ダ・ヴィンチ『モナ・リザ』、ミケランジェロ『ダビデ像』（彫像の代表作）、ラファエロ『大公の聖母』

バロック（17世紀初め～半ば）

ベラスケス『女官たち』、レンブラント『夜《や》警《けい》』

ロココ（18世紀）―甘美な装飾様式

ヴァトー『シテール島の巡礼』、ブーシェ『水浴のディアナ』

新古典主義（18世紀末～19世紀半ば）―高い倫理性

ダヴィッド『ナポレオンの戴冠式』、アングル『横たわるオダリスク』

ロマン主義（18世紀末～19世紀半ば）―新古典主義と対置される

ゴヤ『巨人』、ドラクロワ『民衆を導く自由の女神』

ゴヤの『巨人』はナポレオンのスペイン侵攻時に描かれた。

印象派（19世紀後半）―モネの作品名に由来。光の動き、変化の質感に重きを置く

モネ『睡蓮《すいれん》』、ルノワール『ムーラン・ド・ラ・ギャレット』、ドガ『舞台の踊り子』

後期印象派（19世紀末～20世紀）―印象派の後に、フランスを中心として活躍

ゴッホ『ひまわり』、セザンヌ『サント・ビクトワール山』

▶西洋音楽史

分類	音楽家	作品・特徴
バロック音楽（17世紀初め〜18世紀半ば）	クラシック音楽の形成期。オペラの発生と器楽の発達	
	ヴィヴァルディ	協奏曲集「四季」
	バッハ	「ブランデンブルク協奏曲」、「G線上のアリア」
	ヘンデル	オラトリオ「メサイア」、管弦楽組曲「水上の音楽」
古典派（18世紀前半〜19世紀初め）	ソナタ形式が発展し、形式美を重要視する。ピアノの登場	
	ハイドン	交響曲の父
	モーツァルト	オペラ「フィガロの結婚」「魔笛」、レクイエム
	ベートーヴェン	ピアノソナタ「悲愴《ひそう》」「月光」、交響曲第五番（運命）
ロマン派（19世紀）	古典派を基礎として、より主観的、民族主義的要素を取り入れる	
	ウェーバー	オペラ「魔弾の射手」、ピアノ曲「舞踏への勧誘」
	シューベルト	交響曲「未完成」、歌曲集「冬の旅」
	ショパン	ピアノソナタ「葬送」、ピアノ曲「小犬のワルツ」
	シューマン	ピアノ曲集「子供の情景」、ピアノ協奏曲イ短調
	リスト	ピアノ曲「ハンガリー狂詩曲」
	ワーグナー	オペラ「タンホイザー」、「トリスタンとイゾルデ」
	ヴェルディ	オペラ「椿姫《つばきひめ》」「アイーダ」
	チャイコフスキー	バレエ音楽「白鳥の湖」「くるみ割り人形」

▶音楽用語

オラトリオ：宗教的音楽劇。舞台装置や演技を用いない点でオペラと異なる。

交響曲：シンフォニー。オーケストラのための多楽章からなる楽曲。18世紀前半に成立し、古典派のハイドンやモーツァルトらが完成、ベートーヴェンによって頂点に達した。

協奏曲：コンチェルト。ピアノ・バイオリン・チェロなどの独奏楽器とオーケストラが合奏する楽曲。

ソナタ：主題提示部、展開部、再現部の三部からなる器楽形式の一つ。

34 思想・宗教 ⇐ P146・147　解答

1 (1) ①性善説　②性悪説　③兼愛説　④韓非子　(2) ①イデア　②アレクサンドロス　③無知

2 (1) ①学問のすゝめ　②和辻哲郎　③善の研究

(2) ①社会契約論　②ホッブズ　③平和的　④西国立志編　⑤福沢諭吉　⑥無教会主義　⑦中江兆民

3 ①イエス　②旧約聖書　③新約聖書（②、③順不同）　④イスラム　⑤アッラー　⑥コーラン　⑦釈迦

1 西洋音楽史について、次の問いに答えなさい。

(1) **次の文章は何について説明しているものか答えなさい。**

□ 主題提示部、展開部、再現部の三部からなる器楽形式の一つ。① [ ]

□ ピアノ・バイオリン・チェロなどの独奏楽器とオーケストラが合奏する楽曲。② [ ]

□ 宗教的音楽劇。舞台装置や演技は用いない。 ③ [ ]

□ オーケストラのための多楽章の楽曲。18世紀前半に成立。 ④ [ ]

(2) **次の作品の作曲家を答えなさい。**

□ ロマン派 ① [ ] ＝歌曲集「冬の旅」 ② [ ] ＝オペラ「椿姫」

③ [ ] ＝ピアノ曲「小犬のワルツ」 ④ [ ] ＝「白鳥の湖」

⑤ [ ] ＝ピアノ曲「ハンガリー狂詩曲」

⑥ [ ] ＝オペラ「タンホイザー」

□ 古典派 ⑦ [ ] ＝ピアノソナタ「悲愴」

⑧ [ ] ＝オペラ「フィガロの結婚」

□ バロック音楽 ⑨ [ ] ＝協奏曲集「四季」

⑩ [ ] ＝「水上の音楽」 ⑪ [ ] ＝「ブランデンブルク協奏曲」

(3) **次の空欄を埋めて文章を完成させなさい。**

□ バロック音楽とは① [ ] 音楽の形成期の音楽である。

□ 古典派は② [ ] 形式が発展し、形式美を重要視するのが特徴である。

□ ロマン派には、より主観的、③ [ ] 主義的要素が取り入れられた。

□ ドイツ三大Ｂとは、④ [ ] 、⑤ [ ] 、⑥ [ ] を指す。

❷ 次の空欄に当てはまる美術家または代表作を答えなさい。

◎ **ルネサンス**（14世紀～16世紀）―盛期の三大巨匠は、『モナ・リザ』が有名な①［　　　　　　］や、彫像②［　　　　　］が代表作のミケランジェロ、『大公の聖母』が代表作のラファエロである。

□ **バロック**（17世紀初め～半ば）―代表的な作品としては、③［　　　　　］の『女官たち』、レンブラントが市警備団の中隊を描いた④『［　　　　　］』などがある。

□ **ロココ**（18世紀）―甘美な装飾様式が特徴。⑤［　　　　　］の『シテール島の巡礼』、⑥［　　　　　］の『水浴のディアナ』などが代表作である。

□ **新古典主義**（18世紀末～19世紀半ば）―高い倫理性を求めた。代表作には⑦［　　　　　］の『ナポレオンの戴冠式』、⑧［　　　　　］の『横たわるオダリスク』などがある。

□ **ロマン主義**（18世紀末～19世紀半ば）―新古典主義と対置される。代表作は、ゴヤがナポレオンのスペイン侵攻時に描いた『⑨［　　　　　］』や、⑩［　　　　　］の『民衆を導く自由の女神』など。

◇ **印象派**（19世紀後半）―モネの作品名に由来する。光の動き、変化の質感に重きを置く。代表作として⑪［　　　　　］の『睡蓮』や⑫［　　　　　］の『ムーラン・ド・ラ・ギャレット』などがある。また、印象派が提唱した戸外での自然光での写生には否定的だった⑬［　　　　　］も、同時期の画家として印象派に区分される。

◇ **後期印象派**（19世紀末～20世紀）―印象派の後に、フランスを中心として活躍した。代表作には、⑭［　　　　　］の『ひまわり』や⑮［　　　　　］の『サント・ビクトワール山』などがある。

36 映画・音楽・演劇

ここだけ押さえる！

▶ワールドミュージック

ラテン音楽	特徴	その他の地域の音楽	特徴
サンバ（ブラジル）	アフリカ系民衆音楽	ファド（ポルトガル）	大衆歌謡
タンゴ（アルゼンチン）	バンドネオンによる演奏	シャンソン（フランス）	フランス歌謡全般
ルンバ（キューバ）	庶民のダンス音楽で社交ダンスの曲とは別	カンツォーネ（イタリア）	イタリア歌曲
		カントリー（アメリカ）	ポップスの母体
フォルクローレ（アンデス）	スペイン系との融合	ガムラン（インドネシア）	打楽器合奏

▶世界三大映画祭

名称	開始年	最高賞
ヴェネチア国際映画祭（イタリア）	1932年	金獅子《きんじし》賞
カンヌ国際映画祭（フランス）	1946年	パルム・ドール
ベルリン国際映画祭（ドイツ）	1951年	金熊賞

映画の賞ではアメリカの「アカデミー賞」、日本の「日本アカデミー賞」も覚えておこう。

▶映画祭での日本人の受賞

ヴェネチア国際映画祭

第12回（1951年）黒澤明監督が『羅生門《らしょうもん》』で金獅子賞を受賞

第54回（1997年）北野武監督が『HANA-BI』で金獅子賞を受賞

第77回（2020年）黒沢清監督が『スパイの妻』で銀獅子賞（監督賞）を受賞

カンヌ国際映画祭

今村昌平は第50回（1997年）でも『うなぎ』でパルム・ドールを受賞。

第７回（1954年）衣笠貞之助監督が『地獄門』でパルム・ドールを受賞

第33回（1980年）黒澤明監督が『影武者』でパルム・ドールを受賞

第36回（1983年）今村昌平監督の『楢山節考《ならやまぶしこう》』がパルム・ドールを受賞

第71回（2018年）是枝裕和監督の『万引き家族』がパルム・ドールを受賞

ベルリン国際映画祭

第52回（2002年）宮崎駿《はやお》監督の『千と千尋《ちひろ》の神隠し』が金熊賞を受賞

▶日本の映画祭

東京国際映画祭、ゆうばり国際ファンタスティック映画祭　など

▶ 日本の伝統芸能

歌舞伎―安土桃山時代に出雲阿国が「かぶき踊り」を創始。江戸時代に興隆、独自の発達を遂げた我が国特有の演劇。

文楽―人形浄《じょう》瑠《る》璃《り》の通称。義太夫節と人形劇が一体となった舞台芸術。江戸時代に発展し、歌舞伎にも大きな影響を与えた。

能―猿楽《さるがく》から発達。室町時代に観阿弥・世阿弥により大成された日本独自の仮面劇による舞台芸術。歌舞伎に並んで国際的に高い知名度を誇る。

狂言―能と同様に猿楽から発展し、猿楽の滑稽《こっけい》味を洗練させたせりふ劇。

▶ ポピュラー音楽

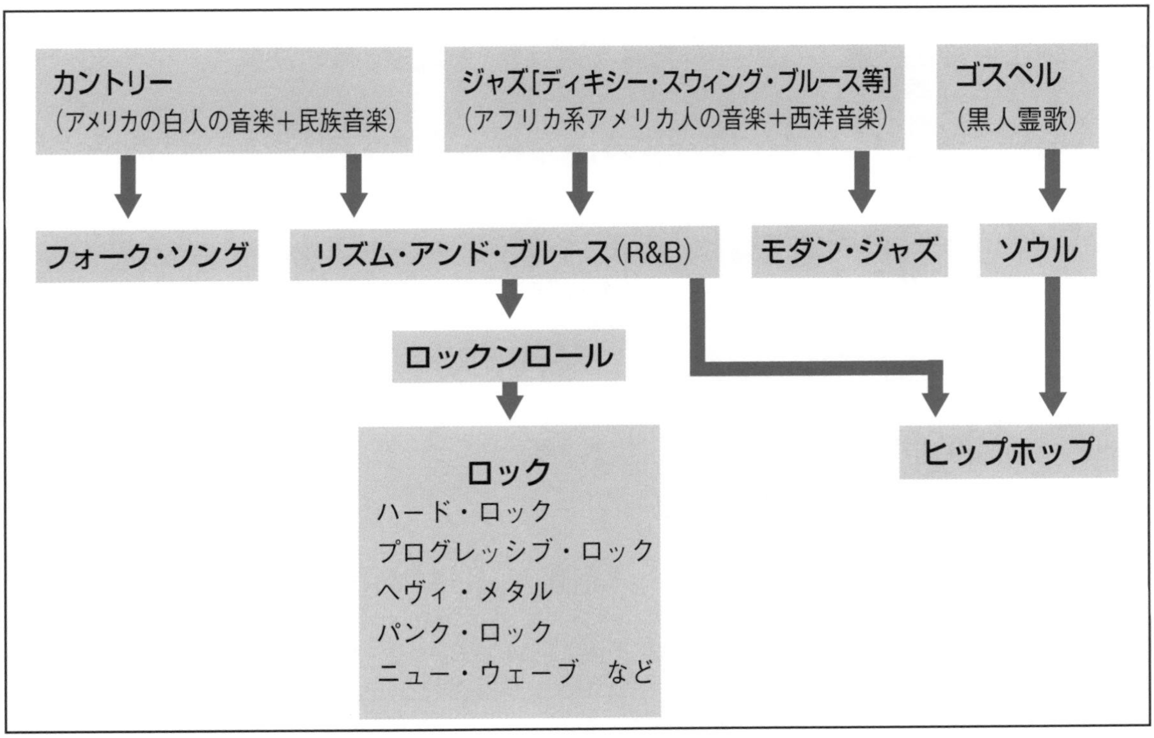

35 美術・音楽史 ← P150・151 解答

1 (1) ①ソナタ　②協奏曲　③オラトリオ　④交響曲
(2) ①シューベルト　②ヴェルディ　③ショパン　④チャイコフスキー　⑤リスト　⑥ワーグナー　⑦ベートーヴェン　⑧モーツァルト　⑨ヴィヴァルディ　⑩ヘンデル　⑪バッハ
(3) ①クラシック　②ソナタ　③民族　④バッハ　⑤ベートーヴェン　⑥ブラームス(④〜⑥順不同)

2 ①レオナルド・ダ・ヴィンチ　②ダビデ像　③ベラスケス　④夜警　⑤ヴァトー　⑥ブーシェ　⑦ダヴィッド　⑧アングル　⑨巨人　⑩ドラクロワ　⑪モネ　⑫ルノワール　⑬ドガ　⑭ゴッホ　⑮セザンヌ

練習問題 36 映画・音楽・演劇

1 日本の伝統芸能について、次の空欄を埋めなさい。

□ 能―①　から発達して、室町時代に観阿弥・②　が大成させた日本独自の仮面劇による舞台芸術。

□ 狂言―能と同様に①から発展した伝統芸能で、①の滑稽味を洗練させた③　劇。

◇ 文楽―④　の通称。義太夫節と人形劇が一体となった舞台芸術で、⑤　に影響を与えた。

◇ ⑤―江戸時代に興隆、独自の発達を遂げた我が国特有の演劇。

2 国際映画祭について、次の空欄を埋めなさい。

◎ 〈ベルリン国際映画祭〉

第52回（2002年）①　監督の『千と千尋の神隠し』が金熊賞を受賞

□ 〈ヴェネチア国際映画祭〉

第12回（1951年）黒澤明監督が『②　』で金獅子賞を受賞

第54回（1997年）③　監督が『HANA-BI』で金獅子賞を受賞

◇ 〈④　国際映画祭〉

第71回（2018年）是枝裕和監督の『⑤　』がパルム・ドールを受賞

□ 〈日本の映画祭〉

日本の映画祭には、⑥　、ゆうばり国際ファンタスティック映画祭などがある。

3 ワールドミュージック・ポピュラー音楽について、次の空欄を埋めなさい。

□ ①［　　　　　］は、ポップス（ポップ・ミュージック）の母体となった。

◇ ラテン音楽にはブラジルの②［　　　　　］がある。アフリカ系黒人労働者が持ち込んだ音楽から発展したものといわれる。

□ アルゼンチンの③［　　　　　］は、19世紀半ばにブエノスアイレス近辺で生まれた。

◇ キューバの④［　　　　　］は、奴隷として連れられてきたアフリカ人が持ち込んだものがもととされる。

◎ ⑤［　　　　　］は、フランスの歌謡曲全般を指す。

□ ポルトガルには、リスボンで歌い継がれてきた大衆歌謡⑥［　　　　　］がある。⑥には「運命・宿命」という意味がある。

◎ イタリアには⑦［　　　　　］がある。イタリア語で「歌」という意味がある。

□ アンデス地方の音楽には⑧［　　　　　］がある。

□ ⑨［　　　　　］とは、アフリカ系アメリカ人の音楽と西洋音楽が融合してできた音楽ジャンルである。

覚えるコツ

興味のあるものをピックアップすることは、脳を刺激して、覚える手助けをするものだ。たとえば、国際映画祭ならば、時間があれば受賞作などを観てみるとよい。時間がない場合は、インターネットなどで画像を観たり、監督のプロフィールや、作品のあらすじなどを読み、脳に印象づけておこう。

37 スポーツ一般

ここだけ押さえる！

▶オリンピック

古代オリンピック：ギリシャを中心にしたヘレニズム文化圏の宗教行事
近代オリンピック：世界平和を究極の目的としたスポーツの祭典

▶代表的な競技

競技名	1チーム	代表的な国際大会（初回開催年）
サッカー	11人	FIFA《フィファ》ワールドカップ（1930年）―4年に1回
野球	9人	WBC（ワールド・ベースボール・クラシック）（2006年）―第4回は2017年
ラグビー	15人	ラグビー・ワールドカップ（1987年）―4年に1回
バスケットボール	5人	バスケットボール世界選手権（1950年）―4年に1回
バレーボール	6人	バレーボール世界選手権（1949年）―4年に1回

▶近代オリンピック

4年に1度、国際オリンピック委員会（IOC）が開催する世界的なスポーツ大会。1894年にフランスのクーベルタン男爵が提唱。近年は，オリンピック終了後に同じ都市でパラリンピック（障害者を対象とした，もうひとつのオリンピック）が行われる。
五輪のマーク―5つの大陸（ヨーロッパ、アジア、アフリカ、オセアニア、アメリカ）
　5つの自然現象（火・水・木・土・砂）など（諸説あり）。

夏季大会

年	開催地	特徴
1896	アテネ	近代オリンピックの始まり
1912	ストックホルム	日本が初参加
1936	ベルリン	初めての聖火リレー
1964	東京	アジアで初の開催 新種目に柔道
2016	リオデジャネイロ	南アメリカで初の開催
2020*	東京	東京で2度目の開催

冬季大会

年	開催地	特徴
1924	シャモニー・モンブラン	試験的に独立
1928	サン・モリッツ	名実共に独立
1972	札幌	日本初の冬季大会
1994	リレハンメル	開催サイクル変更
1998	長野	日本2度目

＊新型コロナウイルスの世界的な感染拡大で2021年に延期・開催。

▶ 大リーグ

正式な名称は、「メジャーリーグベースボール(Major League Baseball、MLB)」。アメリカ合衆国（29チーム）及びカナダ（1チーム）の30球団（2018年現在）により編成されるプロ野球リーグである。「大リーグ」とはメジャーリーグの別名「ビッグリーグ（Big League)」を訳したものである。

大リーグ
- アメリカンリーグ
  （ロサンゼルス・エンゼルス、シアトル・マリナーズ、ボストン・レッドソックス、ニューヨーク・ヤンキースなど）
- ナショナルリーグ
  （ロサンゼルス・ドジャース、サンフランシスコ・ジャイアンツ、シカゴ・カブス、ニューヨーク・メッツなど）

▶ FIFAワールドカップ

FIFA（国際サッカー連盟）が開催する、男女の世界最大のサッカー選手権。オリンピックと並ぶスポーツ国際大会。日本の男子は1998年のフランス大会で初めて予選を勝ち抜き、本大会出場。女子は2011年の第6回大会で初優勝。

▶ テニス—4大国際大会

国際テニス連盟が定めた4つの国際大会の総称で、オーストラリアの「全豪オープン」、フランスの「全仏オープン」、イギリスの「全英オープン（ウィンブルドン)」、アメリカの「全米オープン」がある。テニストーナメントとしては最大規模・最高権威で、男女共催で行われる。4大大会を1年間ですべて優勝することを年間グランドスラムという。

▶ 国民体育大会（国体）

都道府県対抗方式により毎年開催されている我が国最大の総合スポーツ大会。

目的—広くスポーツを普及し、国民の体力向上を図るとともに、地域のスポーツと文化の振興を図る。

主催—文部科学省・(財) 日本体育協会・開催地都道府県

36 映画・音楽・演劇 ← P154・155 解答

1 ①猿楽　②世阿弥　③せりふ　④人形浄瑠璃　⑤歌舞伎

2 ①宮崎駿　②羅生門　③北野武　④カンヌ　⑤万引き家族　⑥東京国際映画祭

3 ①カントリー　②サンバ　③タンゴ　④ルンバ　⑤シャンソン　⑥ファド　⑦カンツォーネ　⑧フォルクローレ　⑨ジャズ

練習問題　37 スポーツ一般

1 オリンピックとワールドカップについて、次の空欄を埋めなさい。

- オリンピックとは、4年に1度、国際オリンピック委員会(略称①　　　　)が開催する世界的なスポーツ大会である。
- 近代オリンピックは1896年に初めて②　　　　で開催された。
- 冬季大会は③　　　　年のシャモニー・モンブラン大会で初めて試験的にだが独立して開催された。
- 冬季大会は当初、夏季大会と同じ年に開催されていたが、1994年の④　　　　大会で開催サイクルが変更され、夏季大会と冬季大会が2年ごとに交互に開かれるようになった。
- 五輪のマークには、5つの自然現象と、5つの⑤　　　　などの意味がこめられている。
- 近代オリンピックは、1894年にフランスの⑥　　　　の提唱により復興した。
- 近代オリンピックは⑦　　　　を究極の目的としたスポーツの祭典である。近年はオリンピック終了後に同じ都市で⑧　　　　（障害者を対象としたもうひとつのオリンピック）が行われる。
- サッカーのワールドカップは、⑨　　　　（国際サッカー連盟）が開催する、男女の世界最大のサッカー選手権大会。4年に1度開催。日本の男子は1998年の⑩　　　　大会で初めて予選を勝ち抜き、本大会出場を果たした。女子は2011年の第6回大会で初優勝した。

もう一押し

ゴルフの4大メジャー大会も覚えておこう。男子ゴルフにおける4大メジャー大会は「マスターズトーナメント」「全米オープン」「全英オープン」「全米プロゴルフ選手権」。

❷ スポーツについて、次の問いに答えなさい。

(1)　**次の空欄を埋めなさい。**

□ 国民体育大会は、広くスポーツを普及し、国民の体力向上を図るとともに、①［　　　　］のスポーツと文化の振興を図ることを目的としている。

◇ テニスの４大国際大会とは、国際テニス連盟が定めた４つの国際大会で、オーストラリアの「全豪オープン」、フランスの「全仏オープン」、イギリスの②「［　　　　］」、アメリカの「全米オープン」の総称である。テニストーナメントとしては最大規模・最高権威で、男女共催で行われる。４大大会を１年間ですべて優勝することを年間③［　　　　］という。

□ ラグビーは１チーム④［　　　　］人で行われ、代表的な国際大会にはラグビー・ワールドカップがある。

◎ 野球の国際大会として、2006年から⑤［　　　　　　　　］が開催された。第１回の優勝チームは日本である。

(2)　**大リーグに関する次の空欄を埋めなさい。**

□ 大リーグの正式名称は「メジャーリーグベースボール」で略称は①［　　　　］である。

□ ②［　　　　］リーグと③［　　　　］リーグの２リーグがあり、現在は合計30球団で構成されている。

37 スポーツ一般 ← P158・159 解答

❶ ①IOC　②アテネ　③1924　④リレハンメル　⑤大陸　⑥クーベルタン男爵　⑦世界平和　⑧パラリンピック　⑨FIFA　⑩フランス

❷ (1) ①地域　②全英オープン（ウィンブルドン）　③グランドスラム　④15　⑤ワールド・ベースボール・クラシック(WBC)

(2) ①ＭＬＢ　②アメリカン　③ナショナル(②、③順不同)

編集協力　**株式会社一校舎**
本文イラスト　**坂本水津哉**

ドリル式一般常識問題集

編　者　**一般常識対策研究会**
発行者　**永岡純一**
発行所　**株式会社永岡書店**

〒176-8518　東京都練馬区豊玉上 1-7-14

電話　03(3992)5155(代表)
03(3992)7191(編集)

組　版　誠宏印刷
印　刷　誠宏印刷
製　本　ヤマナカ製本